Sabor da Itália

Receitas Autênticas para uma Jornada Gastronômica

Marco Bianchi

TABELA DE CONTEÚDO

Timbale De Arroz Recheado 9

Arroz e Feijão Estilo Vêneto 17

Arroz De Salsicha Da Sardenha 20

Polenta 22

Polenta com Creme 25

Polenta com ragu 27

Polenta Crostini, Três Caminos 28

Sanduíches de Polenta 31

Polenta com Três Queijos 33

Polenta com Gorgonzola e Mascarpone 35

Polenta de Cogumelo 37

Polenta de trigo sarraceno e farinha de milho 39

Polenta assada com queijo 41

Polenta assada com ragu de linguiça 44

Polenta "acorrentada" 47

Salada Farro 49

Farro, estilo Amatrice 52

Farro, tomate e queijo 54

Camarão e Cevada Orzotto 56

Orzotto de Cevada e Vegetais 58

Presunto e Ovos 60

Espargos Assados com Ovos 63

Ovos em Purgatory 65

Ovos em Molho de Tomate, Estilo Marchas 67

Ovos à moda piemontesa 69

ovos florentinos 71

Ovos Assados com Batata e Queijo 73

pimentão e ovos 75

batatas e ovos 77

Mexido de cogumelos e ovo 80

Fritada de cebola e rúcula 82

Fritada de Abobrinha e Manjericão 85

Fritada de Cem Ervas 87

Fritada de espinafre 89

Cogumelo e Fontina Fritada 92

Fritada de espaguete napolitana 94

Macarrão Fritada 97

pequenas tortilhas 99

Flor de ricota e fritada de abobrinha 101

Tiras de Tortilha em Molho de Tomate 103

Robalo com Migalhas de Azeitona 106

Robalo com cogumelos 108

Filetes de Pregado com Pasta de Azeitona e Tomate 111

Bacalhau Assado 113

Peixe em "Água Loca" 116

Peixe azul com limão e hortelã 118

sola recheada 120

Rolinhos de Linguado com Manjericão e Amêndoas 122

Atum Marinado à Siciliana 124

Espetada de Atum com Laranja 126

Atum e Pimentos Grelhados, Estilo Molise 129

Atum Grelhado com Limão e Orégano 131

Bifes De Atum Crocantes Grelhados 133

Atum grelhado com pesto de rúcula 135

Ensopado de Atum e Feijão Cannellini 137

Espadarte Siciliano com Cebola 139

Espadarte com alcachofras e cebolas 141

Peixe-espada, estilo Messina 143

Rolinhos de espadarte 146

Pregado assado com legumes 149

Robalo grelhado com legumes ao alho 152

Scrod com molho de tomate picante 155

Carpaccio de salmão 157

Filetes de salmão com bagas de zimbro e cebola roxa 160

Salmão com Legumes Primavera 162

Filetes de Peixe ao Molho Verde 164

Halibute assado em papel 167

Peixe Assado com Azeitonas e Batatas 169

Pargo cítrico 172

Peixe com crosta de sal 174

Peixe Assado com Vinho Branco e Limão 176

Truta com Presunto e Sálvia 178

Sardinha Assada com Alecrim 180

Sardinhas venezianas 182

Sardinhas Recheadas Sicilianas 184

sardinhas grelhadas 186

Bacalhau frito 188

Bacalhau Salgado, Estilo Pizza 190

Bacalhau Salgado com Batatas 192

Camarão e Feijão 194

Camarões ao Molho de Alho 197

Camarão com Tomate, Alcaparras e Limão 199

Camarões ao molho de anchova 201

camarão frito 204

Camarão e Lula empanados 207

Espetos De Camarão Grelhado 210

Lagosta "Irmão Diabo" 212

Lagosta Recheada Assada 215

Vieiras com Alho e Salsa 218

Vieiras e camarões grelhados 220

Amêijoas e mexilhões Posillipo 222

Timbale De Arroz Recheado

Sartù di Riso

Rende 8 a 10 porções

O arroz não é um ingrediente comum na culinária napolitana, mas este prato é um dos clássicos da região. Acredita-se que tenha as suas raízes nas cozinhas aristocráticas dirigidas por chefs formados em França, quando Nápoles era a capital do Reino das Duas Sicílias.

Hoje é feito para ocasiões especiais, e já comi versões contemporâneas feitas em ramequins de tamanho individual.

Este é o tipo de prato espetacular que seria ideal para uma festa. Os pequenos bolinhos e outros ingredientes do recheio caem do bolo de arroz gigante quando cortados. Não é difícil de fazer, mas há várias etapas envolvidas. Você pode fazer o molho e o recheio até 3 dias antes de montar o prato.

Mergulhar

1 onça de cogumelos porcini secos

2 xícaras de água morna

1 cebola média picada

2 colheres de sopa de azeite

1 lata (28 onças) de tomate pelado italiano importado, colocado em uma fábrica de alimentos

Sal e pimenta preta moída na hora

Almôndegas e salsichas

2 a 3 fatias de pão italiano, cortadas em pedaços pequenos (cerca de 1/2 xícara)

1/4 xícara de leite

8 onças de carne moída

1/4 xícara de Parmigiano-Reggiano ralado na hora

1 dente de alho picado

2 colheres de sopa de salsinha fresca picada e mais para enfeitar

1 ovo grande

Sal e pimenta preta moída na hora

2 colheres de sopa de azeite

2 salsichas italianas doces

Assembleia

8 onças de mussarela fresca picada

1 xícara de ervilhas frescas ou congeladas

2 xícaras de arroz de grão médio, como Arborio, Carnaroli ou Vialone Nano

Sal

1 xícara de Parmigiano-Reggiano ralado na hora

Pimenta preta moída na hora

2 colheres de sopa de manteiga sem sal

6 colheres de sopa de pão ralado seco e simples

Salsa fresca picada para enfeitar

1. Prepare o molho: Em uma tigela média, deixe os cogumelos de molho na água por 30 minutos. Retire os cogumelos do líquido de imersão. Coe o líquido através de um filtro de café de papel ou um pedaço de pano de algodão umedecido em um recipiente limpo e reserve. Lave os cogumelos em água corrente, prestando especial atenção à base onde se acumula a sujidade. Pique os cogumelos finamente.

2. Coloque a cebola e o azeite em uma panela larga e pesada em fogo médio. Cozinhe, mexendo ocasionalmente, até a cebola ficar macia e dourada, cerca de 10 minutos. Adicione os cogumelos picados. Adicione os tomates e o líquido de cogumelos reservado. Tempere a gosto com sal e pimenta. Leve para ferver. Cozinhe, mexendo ocasionalmente, até engrossar, cerca de 30 minutos.

3. Prepare as almôndegas: Em uma tigela média, deixe o pão de molho no leite por 5 minutos e escorra. No mesmo recipiente, misture o pão, a carne, o queijo, o alho, a salsa, o ovo, o sal e a pimenta a gosto. Misture bem. Forme a mistura em almôndegas de 2,5 cm.

4. Em uma frigideira grande, aqueça o óleo em fogo médio. Adicione as almôndegas e cozinhe, virando com uma pinça,

até dourar por todos os lados. Usando uma escumadeira, transfira as almôndegas para um prato. Retire o óleo e limpe cuidadosamente a panela com papel toalha.

5.Na mesma frigideira, misture as salsichas e água suficiente para cobri-las até a metade. Tampe e cozinhe em fogo médio-baixo até a água evaporar e as salsichas começarem a dourar. Descubra e cozinhe as salsichas, virando ocasionalmente, até ficarem cozidas, cerca de 10 minutos. Corte as salsichas em rodelas.

6.Em uma tigela média, misture delicadamente as almôndegas, as fatias de salsicha, a mussarela e as ervilhas com 2 xícaras de molho de tomate e cogumelo e reserve.

7.Em uma panela grande, misture o molho restante com 4 xícaras de água. Leve a mistura para ferver. Adicione o arroz e 1 colher de chá de sal. Deixe o líquido ferver novamente e mexa uma ou duas vezes. Cubra e cozinhe até que o arroz esteja macio, cerca de 15 minutos.

8.Retire a panela do fogo. Deixe o arroz esfriar um pouco. Adicione o queijo parmesão. Tempere a gosto com sal e pimenta.

9. Unte com manteiga o interior de uma panela funda de 2,5 litros ou de um recipiente refratário. Polvilhe com 4 colheres de sopa de pão ralado. Despeje cerca de dois terços do arroz na panela preparada, pressionando-o no fundo e nas laterais para formar uma "casca" de arroz. Despeje a mistura de almôndega e salsicha no centro. Cubra com o arroz restante e espalhe uniformemente. Polvilhe o topo com as migalhas restantes. (Se não estiver preparando imediatamente, cubra e leve à geladeira o timbale.)

10 Cerca de 2 horas antes de servir, coloque uma gradinha no centro do forno. Pré-aqueça o forno a 350°F. Asse o timbale por 1 hora e meia ou até que a parte superior esteja levemente dourada e a mistura esteja quente no centro. (O tempo exato de cozimento depende do tamanho e formato da panela. Use um termômetro de leitura instantânea para verificar a temperatura no centro. Deve ser de pelo menos 140°F.)

onze Tenha um rack de resfriamento pronto. Deixe o timbale esfriar na gradinha por 10 minutos. Passe uma faca ou espátula de metal pela borda interna da panela. Coloque uma travessa grande sobre a panela. Segurando o prato (com um pegador de panela) firmemente contra o prato, inverta ambos para transferir o tom para o prato. Polvilhe com salsa. Corte em pedaços para servir. Servir quente.

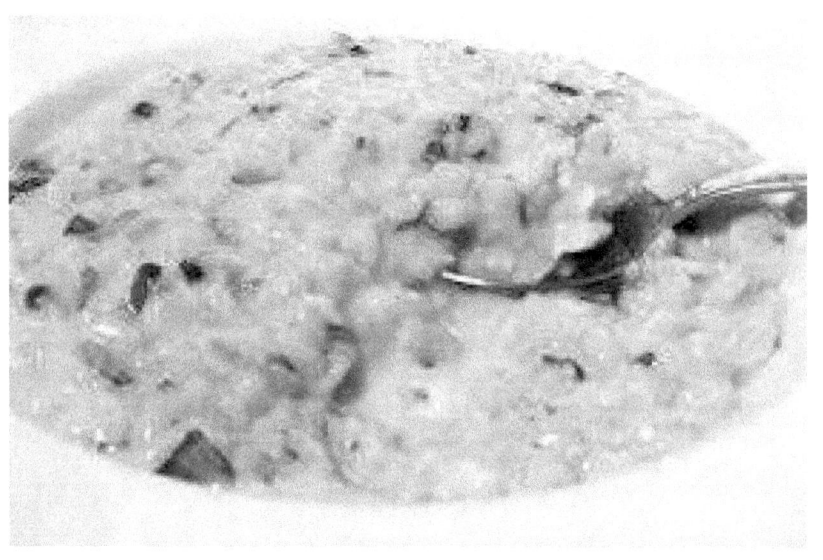

Arroz e Feijão Estilo Vêneto

Riso e fagioli à la Veneta

Rende 4 porções

Durante o verão, o arroz e o feijão são servidos quentes e não quentes. Na região de Veneto, o feijão cranberry, conhecido em italiano como borlotti, é a variedade preferida. Os grãos de cranberry crus são rosa com manchas de cor creme. Quando cozidos, adquirem uma cor bege rosada sólida. São muito parecidos com o feijão, que pode ser substituído se preferir.

Cerca de 2 xícaras caseiras<u>Caldo de carne</u>ou caldo de carne comprado em loja

3 colheres de sopa de óleo

1 cebola pequena, finamente picada

1 cenoura média, picada finamente

1 costela média de aipo, finamente picada

1/2 xícara de bacon picado

2 xícaras de cranberries secos cozidos ou feijão, ou 1 lata (16 onças) de feijão com seu líquido

1 xícara de arroz de grão médio, como Arborio, Carnaroli ou Vialone Nano

Sal e pimenta preta moída na hora

1. Prepare o caldo, se necessário. Em seguida, em uma panela larga e pesada em fogo médio, aqueça o azeite com a cebola, a cenoura, o aipo e a pancetta. Cozinhe, mexendo ocasionalmente, até os legumes ficarem dourados, cerca de 20 minutos.

2. Adicione o feijão e 1 xícara de água fria. Leve para ferver e cozinhe por 20 minutos.

3. Reserve cerca de um terço da mistura de feijão. Bata o restante em um processador de alimentos ou moinho de alimentos até ficar homogêneo. Despeje o purê de feijão e 1 xícara de caldo em uma panela grande e larga. Leve para ferver em fogo médio. Cozinhe, mexendo ocasionalmente, por 5 minutos.

4. Adicione o arroz à panela e tempere com sal e pimenta a gosto. Cozinhe por 20 minutos, mexendo sempre para que o feijão não grude no fundo da panela. Adicione um pouco do caldo restante, aos poucos, até que o arroz esteja macio, mas ainda firme. Adicione a mistura de feijão reservada e desligue o fogo.

5. Deixe descansar por 5 minutos. Servir quente.

Arroz De Salsicha Da Sardenha

Riso da Sardenha

Rende 6 porções

Mais parecido com um pilaf do que com um risoto, este prato tradicional de arroz da Sardenha não requer muita agitação.

cerca de 3 xícaras<u>Caldo de carne</u>

1 cebola média picada

2 colheres de sopa de salsa fresca picada

2 colheres de sopa de azeite

12 onças de linguiça de porco italiana simples, sem tripas

1 xícara de tomate pelado, sem sementes e picado

Sal e pimenta preta moída na hora

11/2 xícaras de arroz de grão médio, como Arborio, Carnaroli ou Vialone Nano

1/2 xícara de Pecorino Romano ou Parmigiano-Reggiano ralado na hora

1. Prepare o caldo, se necessário. Em seguida, em uma panela larga e pesada em fogo médio, cozinhe a cebola e a salsinha no azeite até a cebola amolecer, cerca de 5 minutos. Adicione a carne da linguiça e cozinhe, mexendo sempre, até a linguiça dourar levemente, cerca de 15 minutos.

2. Adicione os tomates e sal e pimenta a gosto. Adicione o caldo e leve para ferver. Adicione o arroz. Cubra e cozinhe por 10 minutos. Verifique se a mistura está muito seca. Adicione mais caldo ou água, se necessário. Cubra e cozinhe por mais 8 minutos ou até que o arroz esteja macio.

3. Tire a panela do fogo. Adicione o queijo. Sirva imediatamente.

Polenta

Rende 4 porções

A maneira tradicional de cozinhar a polenta é despejar o fubá seco lentamente, em um jato fino, pelos dedos de uma das mãos, em uma panela com água fervente, mexendo sempre com a outra mão. Você precisa de muita paciência para fazer isso corretamente; se você for rápido demais, a farinha de milho vai grudar. Enquanto isso, sua mão está queimando por estar sobre o líquido fervente.

Prefiro muito mais o seguinte método para cozinhar polenta porque é rápido e infalível. O melhor de tudo é que testei este método juntamente com o método tradicional e não consigo detectar nenhuma diferença no resultado final. Como a farinha de milho é misturada primeiro com água fria, ela não forma grumos, o que pode ocorrer facilmente se a farinha seca for despejada diretamente na água quente.

Certifique-se de usar uma panela com fundo grosso ou a polenta pode queimar. Você também pode colocar a panela em um Flametamer, um disco de metal que fica sobre o queimador do fogão para aumentar o isolamento da panela e controlar o calor. (Procure em lojas de utensílios de cozinha.)

Você pode variar a polenta básica cozinhando-a com caldo ou usando leite em vez de um pouco de água. Adicione um pouco de queijo ralado no final do cozimento, se desejar.

4 xícaras de água fria

1 xícara de fubá amarelo moído grosseiramente, de preferência moído em pedra

2 colheres de chá de sal

2 colheres de sopa de manteiga sem sal

1. Em uma panela pesada de 2 litros, leve 3 xícaras de água para ferver.

2. Enquanto isso, em uma tigela pequena, misture o fubá, o sal e o copo restante de água.

3. Despeje a mistura na água fervente e cozinhe, mexendo, até ferver. Reduza o fogo, tampe e cozinhe, mexendo ocasionalmente, até a polenta ficar espessa e cremosa, cerca

de 30 minutos. Se a polenta ficar muito grossa, acrescente um pouco mais de água.

4.Adicione manteiga. Sirva imediatamente.

Polenta com Creme

Polenta Panna

Rende 4 porções

Num dia frio de inverno em Milão, parei para almoçar em uma trattoria movimentada. O cardápio era limitado, mas esse prato simples e reconfortante era o prato especial do dia. Se tiver uma trufa fresca branca ou preta, raspe-a sobre o mascarpone e retire o queijo.

Para aquecer uma tigela ou travessa, coloque-a no forno morno (não quente!) Por alguns minutos ou deixe correr água quente na pia. Seque a tigela ou travessa antes de adicionar os alimentos.

1 receita (cerca de 5 xícaras) cozida quente<u>Polenta</u>

1 xícara de mascarpone ou creme de leite

Pedaço de Parmigiano-Reggiano

1. Prepare a polenta, se necessário. Em seguida, despeje a polenta cozida quente em uma travessa quente.

2. Espalhamos o mascarpone por cima ou despejamos o creme. Usando um descascador de legumes de lâmina rotativa, raspe o Parmigiano por cima. Sirva imediatamente.

Polenta com ragu

Polenta com ragu

Rende 4 porções

Houve uma época em que muitas famílias no norte da Itália tinham uma panela especial de cobre chamada paiolo, na qual cozinhavam polenta, e uma tábua redonda onde a serviam. Esta é uma comida deliciosa e reconfortante, e bastante simples se você preparar o ragù e a polenta com antecedência.

1 receita (cerca de 3 xícaras) Ragu à bolonhesa

1 receita (cerca de 5 xícaras) cozida quente Polenta

1/2 xícara de Parmigiano-Reggiano ralado na hora

1. Prepare o ragù e a polenta, se necessário.

2. Despeje a polenta em uma chapa quente. Faça um recorte raso na polenta. Espalhe sobre o molho. Polvilhe com queijo e sirva imediatamente.

Polenta Crostini, Três Caminos

Fatias de polenta crocante podem ser usadas no lugar do pão para fazer<u>crostini</u>). Sirva-os com um saboroso molho (ver sugestões abaixo) como aperitivo, como acompanhamento de um guisado ou como base para aves grelhadas ou assadas.

1 receita (cerca de 5 xícaras) cozida quente<u>Polenta</u>

1. Prepare a polenta. Assim que a polenta estiver cozida, espalhe-a com uma espátula de borracha com cerca de 1/2 polegada de espessura em uma assadeira grande. Cubra e leve à geladeira até ficar firme, pelo menos 1 hora e até 3 dias, antes de usar.

2. Quando estiver pronto para cozinhar, corte a polenta em quadrados ou outros formatos com uma faca ou cortador de biscoitos. As peças podem ser assadas, grelhadas, grelhadas ou fritas.

Crostini de polenta assada: Pré-aqueça o forno a 400°F. Unte uma assadeira e coloque as fatias de polenta na assadeira com cerca de 1/2 polegada de distância. Pincele as tampas com óleo. Asse por 30 minutos ou até ficar crocante e levemente dourado.

Crostini de polenta grelhada ou assada: Coloque uma churrasqueira ou grelha a cerca de 10 centímetros da fonte de calor. Pré-aqueça a grelha ou grelha. Pincele as fatias de polenta dos dois lados com azeite. Coloque as peças na grelha. Grelhe ou grelhe, virando uma vez, até ficar crocante e dourado, cerca de 5 minutos. Vire os pedaços e grelhe o outro lado por mais 5 minutos.

Crostini de polenta frita: Pincele levemente uma fina camada de milho ou azeite em uma frigideira antiaderente. Aqueça a frigideira em fogo médio. Seque os pedaços de polenta. Cozinhe até dourar, cerca de 5 minutos. Vire os pedaços e cozinhe até dourar do outro lado, mais cerca de 5 minutos.

Sanduíches de Polenta

Panini de polenta

Rende 8 porções

Esses petiscos podem ser servidos como aperitivo ou como acompanhamento. Para dar um toque especial, corte a polenta com cortadores de biscoitos ou biscoitos.

1 receita (cerca de 5 xícaras) Polenta, feito sem manteiga

4 onças de gorgonzola, em fatias finas

2 colheres de sopa de manteiga sem sal derretida

2 colheres de sopa de Parmigiano Reggiano

1. Prepare a polenta. Assim que a polenta estiver cozida, espalhe-a com uma espátula de borracha com cerca de 1/2 polegada de espessura em uma assadeira grande. Cubra e leve à geladeira até ficar firme, pelo menos 1 hora e até 3 dias, antes de usar.

2. Coloque uma gradinha no centro do forno. Pré-aqueça o forno a 400°F. Unte com manteiga uma assadeira grande.

3. Corte a polenta em 16 quadrados. Coloque metade das fatias de polenta na assadeira. Coloque as folhas de gorgonzola por cima. Cubra com a polenta restante, pressionando levemente sobre os sanduíches.

4. Pincele os topos com a manteiga. Polvilhe com o parmesão. Asse por 10 a 15 minutos ou até o queijo derreter. Servir quente.

Polenta com Três Queijos

Polenta com Tre Formaggi

Rende 4 porções

O Vale de Aosta é a região do extremo noroeste da Itália. É famosa pelo seu clima alpino e belas estâncias de esqui, bem como pelos seus produtos lácteos, como o Fontina Valle d'Aosta, um queijo semiduro de leite de vaca.

O leite acrescenta riqueza extra a esta polenta. A manteiga é apresentada como queijo honorário.

2 xícaras de água fria

1 xícara de fubá amarelo moído grosseiramente, de preferência moído em pedra

1 colher de chá de sal

2 xícaras de leite frio

1/2 xícara de Fontina Valle d'Aosta, picada

1/4 xícara de Parmigiano-Reggiano ralado na hora

2 colheres de sopa de manteiga sem sal

1. Em uma panela pesada de 2 litros, leve a água para ferver.

2. Em uma tigela pequena, misture a farinha de milho, o sal e o leite.

3. Despeje a mistura de fubá na água fervente e cozinhe, mexendo, até ferver. Reduza o fogo, tampe e cozinhe, mexendo ocasionalmente, por cerca de 30 minutos ou até que a polenta fique espessa e cremosa. Se a polenta ficar muito grossa, acrescente um pouco mais de água.

4. Tire a panela do fogo. Adicione os queijos e a manteiga até derreter. Sirva imediatamente.

Polenta com Gorgonzola e Mascarpone

Rende 4 a 6 porções

Paradisíaca e deliciosa, esta receita é da Lombardia, onde são feitos o gorgonzola e o mascarpone.

4 xícaras de água fria

1 xícara de fubá amarelo moído grosseiramente, de preferência moído em pedra

1/2 colher de chá de sal

1/2 xícara de mascarpone

1/2 xícara de gorgonzola esfarelado

1. Em uma panela pesada de 2 litros, leve 3 xícaras de água para ferver.
2. Em uma tigela pequena, misture o fubá, o sal e o copo de água restante.
3. Despeje a mistura de fubá na água fervente e cozinhe, mexendo sempre, até ferver. Reduza o fogo, tampe e cozinhe,

mexendo ocasionalmente, por cerca de 30 minutos ou até que a polenta fique espessa e cremosa. Se a polenta ficar muito grossa, acrescente um pouco mais de água.

4. Retire a polenta do fogo. Adicione o mascarpone e metade do gorgonzola. Despeje em uma tigela e polvilhe com o restante do gorgonzola. Servir quente.

Polenta de Cogumelo

polenta com cogumelos

Rende 6 porções

A pancetta acrescenta um sabor rico, mas deixe-a de fora se preferir um prato sem carne. As sobras podem ser fatiadas e fritas em um pouco de azeite ou manteiga como aperitivo ou acompanhamento.

2 onças de bacon picado

1 cebola pequena, finamente picada

2 colheres de sopa de azeite

1 pacote (10 onças) de cogumelos brancos, aparados e fatiados

2 colheres de sopa de salsa fresca picada

Sal e pimenta preta moída na hora

4 xícaras de água fria

1 xícara de fubá amarelo moído grosseiramente, de preferência moído em pedra

1. Em uma frigideira grande, misture a pancetta, a cebola e o azeite e cozinhe até que a pancetta e a cebola estejam levemente douradas, cerca de 10 minutos. Adicione os cogumelos e a salsa e cozinhe até que o líquido do cogumelo evapore, cerca de mais 10 minutos. Tempere a gosto com sal e pimenta.

2. Em uma panela pesada de 2 litros, leve 3 xícaras de água para ferver.

3. Em uma tigela pequena, misture o fubá, 1/2 colher de chá de sal e 1 xícara de água fria restante.

4. Despeje a mistura de fubá na água fervente e cozinhe, mexendo sempre, até ferver. Reduza o fogo para bem baixo, tampe e cozinhe, mexendo de vez em quando, até a polenta ficar espessa e cremosa, cerca de 30 minutos. Se a polenta ficar muito grossa, adicione mais água.

5. Misture o conteúdo da panela na panela de polenta. Despeje a mistura em um prato quente. Sirva imediatamente.

Polenta de trigo sarraceno e farinha de milho

polenta de taragna

Rende 4 a 6 porções

Na Lombardia, esta polenta farta é feita com uma combinação de farinha de milho e farinha de trigo sarraceno. O trigo sarraceno adiciona um sabor terroso. Um queijo local conhecido como bitto é misturado no final do cozimento. Nunca vi bitto nos EUA, mas fontina e Gruyère são bons substitutos.

5 xícaras de água fria

4 colheres de sopa de manteiga sem sal

1 xícara de fubá amarelo moído grosseiramente, de preferência moído em pedra

1/2 xícara de farinha de trigo sarraceno

Sal

4 onças de fontina ou Gruyère

1. Em uma panela pesada de 2 litros, leve 4 xícaras de água e 2 colheres de sopa de manteiga para ferver.

2. Em uma tigela média, misture o fubá, a farinha de trigo sarraceno, 1/2 colher de chá de sal e o copo restante de água.

3. Bata a mistura de farinha de milho na água fervente. Reduza o fogo para muito baixo. Cubra e cozinhe, mexendo ocasionalmente, por cerca de 40 minutos ou até que a polenta fique espessa e cremosa. Se ficar muito grosso, adicione um pouco mais de água conforme necessário.

4. Retire a polenta do fogo. Adicione as 2 colheres de sopa restantes de manteiga e o queijo. Sirva imediatamente.

Polenta assada com queijo

Polenta Cunsá

Rende 8 porções

Monte até 24 horas antes de cozinhar mas, se estiver frio, dobre o tempo de cozimento. Experimente também com Gruyère ou Asiago.

5 xícaras de água fria

1 xícara de fubá amarelo moído grosseiramente, de preferência moído em pedra

1 colher de chá de sal

3 colheres de sopa de manteiga sem sal

1 cebola média picada

1 xícara de Parmigiano-Reggiano ralado na hora

1/2 xícara de gorgonzola esfarelado

1/2 xícara de Fontina Valle d'Aosta ralada

1. Em uma panela pesada de 2 litros, leve 4 xícaras de água para ferver. Em uma tigela, misture o fubá, o sal e 1 xícara de água restante.

2. Despeje a mistura na água fervente e cozinhe, mexendo sempre, até ferver. Reduza o fogo, tampe e cozinhe, mexendo ocasionalmente, por cerca de 30 minutos ou até que a polenta fique espessa e cremosa. Se a polenta ficar muito grossa, acrescente um pouco mais de água.

3. Em uma frigideira pequena, derreta 2 colheres de sopa de manteiga em fogo médio. Adicione a cebola e cozinhe, mexendo, até a cebola ficar macia e dourada, cerca de 10 minutos. Raspe a cebola na polenta.

4. Coloque uma gradinha no centro do forno. Pré-aqueça o forno a 375°F. Unte com manteiga uma assadeira de 9×3 polegadas.

5. Despeje cerca de um terço da polenta na panela. Reserve 1/4 xícara de queijo parmesão para cobertura. Espalhe metade de cada um dos queijos restantes sobre a camada de polenta da assadeira. Faça uma segunda camada de polenta e queijo. Despeje a polenta restante e espalhe uniformemente.

6. Polvilhe 1/4 xícara de Parmigiano reservado sobre a polenta. Salpique com a manteiga restante. Asse por 30 minutos ou até borbulhar nas bordas. Deixe descansar por 10 minutos antes de servir.

Polenta assada com ragu de linguiça

Polenta pasticciato

Rende 6 porções

É algo parecido com lasanha, com camadas de polenta fatiada substituindo a massa.

O nome polenta pasticciato é intrigante. Vem de pasticciare, que significa sujar alguma coisa, mas pasticciato também indica um prato feito como macarrão, com queijo e ragù.

   1 receita<u>Ragu de salsicha</u>

8 xícaras de água fria

2 xícaras de fubá amarelo moído grosseiramente, de preferência moído em pedra

1 colher de sopa de sal

8 onças de mussarela fresca

1/2 xícara de Parmigiano-Reggiano ralado na hora

1. Prepare o ragu, se necessário. Em uma panela grande, leve 6 xícaras de água para ferver.

2. Em uma tigela média, misture o fubá, o sal e as 2 xícaras de água restantes.

3. Despeje a mistura de fubá na água fervente, mexendo sempre, até ferver. Reduza o fogo, tampe e cozinhe, mexendo ocasionalmente, por cerca de 30 minutos ou até que a polenta fique espessa e cremosa.

4. Unte com manteiga uma assadeira grande. Despeje a polenta na frigideira e espalhe uniformemente com uma espátula de borracha com espessura de 1/2 polegada. Deixe esfriar até ficar firme, cerca de 1 hora, ou cubra e leve à geladeira durante a noite.

5. Coloque uma gradinha no centro do forno. Pré-aqueça o forno a 400°F. Unte uma assadeira quadrada de 23 cm.

6. Corte a polenta em 9 quadrados de 3 polegadas. Coloque metade da polenta no fundo do prato. Despeje metade do molho e cubra com metade da mussarela e do Parmigiano-Reggiano. Faça uma segunda camada com os ingredientes restantes.

7. Asse por 40 minutos ou até a polenta borbulhar e o queijo derreter. Deixe descansar por 10 minutos antes de servir.

Polenta "acorrentada"

Polenta incatenata

Rende 6 porções

Certa vez, meu marido e eu alugamos um apartamento em uma villa fora de Lucca, na Toscana. Carlotta era a governanta alegre que cuidava do lugar e fazia tudo correr bem. De vez em quando ele nos surpreendia com uma refeição caseira. Ele me contou que dizem que essa polenta farta, uma especialidade local, é "enfiada" em tiras de vegetais esmagados. Sirva como prato principal vegetariano ou como acompanhamento de carnes grelhadas. Também fica muito bom se deixar esfriar até ficar sólido, depois fatiar e fritar até dourar.

2 colheres de sopa de azeite

1 dente de alho picado

2 xícaras de repolho picado ou couve

4 xícaras de água fria

1 xícara de fubá amarelo moído grosseiramente, de preferência moído em pedra

1 1/2 colheres de chá de sal

2 xícaras de feijão cannelini cozido ou enlatado

Sal e pimenta preta moída na hora

1/2 xícara de Parmigiano-Reggiano ralado na hora

1. Em uma panela grande, cozinhe o azeite e o alho em fogo médio até dourar, cerca de 2 minutos. Adicione o repolho, tampe e cozinhe por 10 minutos ou até o repolho murchar.

2. Adicione 3 xícaras de água e leve para ferver.

3. Em uma tigela pequena, misture o fubá, o sal e o copo de água restante.

4. Despeje a mistura de fubá na panela. Cozinhe, mexendo sempre, até a mistura ferver. Reduza o fogo, tampe e cozinhe, mexendo ocasionalmente, por 20 minutos.

5. Adicione feijão. Cozinhe mais 10 minutos ou até ficar espesso e cremoso. Adicione um pouco de água se a mistura ficar muito espessa.

6. Saia do fogo. Adicione o queijo e sirva imediatamente.

Salada Farro

Farro Insala

Rende 6 porções

Em Abruzzo, meu marido e eu comemos saladas de farro em diversas ocasiões, inclusive esta com verduras crocantes e menta refrescante.

Sal

11/2 xícaras de farro

1 xícara de cenoura picada

1 xícara de aipo picado

2 colheres de sopa de hortelã fresca picada

2 cebolas verdes picadas finamente

1/3 xícara de azeite

1 colher de sopa de suco de limão fresco

Pimenta preta moída na hora

1. Leve 6 xícaras de água para ferver. Adicione sal a gosto e depois o farro. Reduza o fogo para ferver e cozinhe até que o farro esteja macio, mas ainda em borracha, cerca de 15 a 30 minutos. (O tempo de cozimento pode variar; comece o teste após 15 minutos.) Seque bem.

2. Em uma tigela grande, misture o farro, a cenoura, o aipo e a hortelã. Em uma tigela pequena, misture o azeite, o suco de limão e a pimenta. Despeje o molho sobre a salada e misture bem. Prove e ajuste o tempero. Sirva morno ou em temperatura ambiente.

Farro, estilo Amatrice

Farro all'Amatriciana

Rende 8 porções

O farro costuma ser usado em sopas ou saladas, mas nesta receita do interior romano o grão é cozido com o clássico molho Amatriciana, normalmente usado em massas.

Sal

2 xícaras de farro

1/4 xícara de azeite

4 onças de bacon picado

1 cebola média

1/2 xícara de vinho branco seco

11/2 xícaras de tomates frescos descascados, sem sementes e picados, ou tomates enlatados picados e escorridos

1/2 xícara de Pecorino Romano ralado na hora

1. Leve 6 xícaras de água para ferver. Adicione sal a gosto e depois o farro. Reduza o fogo para ferver e cozinhe até que o farro esteja macio, mas ainda em borracha, 15 a 30 minutos. (O tempo de cozimento pode variar; comece o teste após 15 minutos.) Seque bem.

2. Em uma frigideira média, cozinhe o azeite, a pancetta e a cebola em fogo médio, mexendo sempre, até a cebola dourar, cerca de 10 minutos. Adicione o vinho e leve para ferver. Adicione os tomates e o farro. Leve para ferver e cozinhe até que o farro absorva um pouco do molho, cerca de 10 minutos. Adicione um pouco de água se necessário para evitar que grude.

3. Saia do fogo. Adicione o queijo e mexa bem. Sirva imediatamente.

Farro, tomate e queijo

Grão, Pomodori e Cacio

Rende 6 porções

Bagas de trigo, emmer, kamut ou outros grãos semelhantes podem ser cozidos dessa maneira se você não conseguir encontrar o farro. Não adicione muito sal ao grão, pois a ricota salata pode ficar salgada. Se não estiver disponível, substitua Pecorino Romano. Esta receita é da Puglia, no sul.

Sal

1 1/2 xícaras de farro

2 colheres de sopa de azeite

1 cebola pequena, finamente picada

8 onças de tomate picado

4 onças de ricota salata, ralada grosseiramente

1. Leve 6 xícaras de água para ferver. Adicione sal a gosto e depois o farro. Reduza o fogo para ferver e cozinhe até que o

farro esteja macio, 15 a 30 minutos. (O tempo de cozimento pode variar; comece o teste após 15 minutos.) Seque bem.

2. Despeje o óleo em uma panela média. Adicione a cebola e cozinhe, mexendo sempre, até a cebola dourar, cerca de 10 minutos. Adicione os tomates e sal a gosto. Cozinhe até engrossar ligeiramente, cerca de 10 minutos.

3. Misture o farro escorrido ao molho de tomate. Adicione o queijo e mexa bem. Servir quente.

Camarão e Cevada Orzotto

Gamberi Orzotto

Rende 4 porções

Embora a maioria das pessoas nos Estados Unidos pense no orzo como uma pequena massa em forma de semente, em italiano orzo significa "cevada". Em Friuli-Venezia Giulia, no norte, a cevada é cozida como risoto e o prato final é chamado de orzotto.

3 xícaras <u>Caldo de frango</u>, caldo de legumes ou água

2 colheres de sopa de manteiga sem sal

1 colher de sopa de azeite

1 cebola pequena, finamente picada

1 cenoura pequena, picada finamente

1/2 xícara de aipo picado

1 dente de alho picado

6 onças (2/3 xícara) de cevada pérola, enxaguada e escorrida

Sal e pimenta preta moída na hora

8 onças de camarão, descascado e limpo

2 colheres de sopa de salsa fresca picada

1. Prepare o caldo, se necessário. Em uma panela média, derreta a manteiga com o azeite em fogo médio. Adicione a cebola, a cenoura, o aipo e o alho e cozinhe até dourar, cerca de 10 minutos.

2. Adicione a cevada aos legumes na panela e mexa bem. Adicione o caldo, 1 colher de chá de sal e pimenta a gosto. Deixe ferver e reduza o fogo. Cubra e cozinhe, mexendo ocasionalmente, por 30 a 40 minutos ou até que a cevada esteja macia. Adicione um pouco de água se a mistura ficar seca.

3. Enquanto isso, pique os camarões e misture-os com a salsa à mistura de cevada. Cozinhe até que os camarões fiquem rosados, 2 a 3 minutos. Prove e ajuste o tempero. Sirva imediatamente.

Orzotto de Cevada e Vegetais

Orzotto Vegetal

Rende 4 porções

Pequenos pedaços de vegetais são cozidos com cevada para este orzotto. Sirva como acompanhamento ou primeiro prato.

4 xícaras Caldo de carne qualquer Caldo de frango

4 colheres de sopa de manteiga sem sal

1 cebola pequena, finamente picada

1 xícara de cevada perolada, enxaguada e escorrida

1/2 xícara de ervilhas frescas ou congeladas

1/2 xícara de cogumelos picados, qualquer tipo

1/4 xícara de pimenta vermelha picada

1/4 xícara de aipo picado

Sal e pimenta preta moída na hora

¹⁄4 xícara de Parmigiano-Reggiano ralado na hora

1. Prepare o caldo, se necessário. Em uma panela grande, derreta 3 colheres de sopa de manteiga em fogo médio. Adicione a cebola e cozinhe, mexendo sempre, até dourar, cerca de 10 minutos.

2. Adicione a cevada e mexa bem. Adicione metade de cada ervilha, cogumelo, pimentão e aipo e cozinhe por 2 minutos ou até ficar macio. Adicione o caldo e leve para ferver. Cubra e cozinhe por 20 minutos.

3. Adicione os legumes restantes e sal e pimenta a gosto. Cozinhe, descoberto, por mais 10 minutos ou até que o líquido tenha evaporado e a cevada esteja macia. Saia do fogo.

4. Adicione a colher de sopa restante de manteiga e o queijo. Sirva imediatamente.

Presunto e Ovos

Uova com presunto

Rende 2 porções

Um amigo com quem eu estava viajando pela Itália fazia uma dieta rica em proteínas. Ele começou a pedir uma tigela de presunto para o café da manhã. Numa pequena pousada em Montepulciano, na Toscana, a dona de casa perguntou se ele gostaria de comer ovos com presunto. Meu amigo disse que sim, esperando receber alguns ovos cozidos. Em vez disso, pouco tempo depois o cozinheiro apareceu com uma única frigideira cheia de presunto escaldante e ovos fritos. Parecia e cheirava tão bem que logo todos na sala de jantar estavam pedindo a mesma coisa, para grande consternação do atormentado cozinheiro.

Esta é uma forma perfeita de aproveitar o presunto que secou um pouco nas bordas. Sirva ovos e presunto no brunch com aspargos amanteigados e tomates assados.

1 colher de sopa de manteiga sem sal

4 a 6 fatias finas de presunto italiano importado

4 ovos grandes

Sal e pimenta preta moída na hora

1. Em uma frigideira antiaderente de 23 cm, derreta a manteiga em fogo médio-baixo.

2. Coloque as fatias de presunto na frigideira, sobrepondo-as ligeiramente. Quebre os ovos em uma xícara, um de cada vez, e deslize-os sobre o presunto. Polvilhe com sal e pimenta.

3. Cubra e cozinhe até que os ovos estejam a gosto, cerca de 2 a 3 minutos. Servir quente.

Espargos Assados com Ovos

Espargos à milanesa

Rende 2 a 4 porções

Certa vez, um jornalista me perguntou o que janto quando cozinho para mim. Sem pensar muito respondi aspargos com ovos e parmigiano, o que os italianos chamam de milanês. Isso é tão bom, mas tão simples. É a minha ideia de comida reconfortante.

1 libra de aspargos

Sal

3 colheres de sopa de manteiga sem sal

Pimenta preta moída na hora

1/2 xícara de Parmigiano-Reggiano ralado na hora

4 ovos grandes

1. Apare a base dos aspargos no ponto onde o caule passa de branco para verde. Leve cerca de 5 centímetros de água para ferver em uma frigideira grande. Adicione os aspargos e sal a

gosto. Cozinhe até que os aspargos dobrem ligeiramente quando retirados da extremidade do caule, cerca de 4 a 8 minutos. O tempo de cozimento dependerá da espessura dos aspargos. Transfira os aspargos com uma pinça para uma peneira. Escorra-os e seque-os.

2. Coloque uma gradinha no centro do forno. Pré-aqueça o forno a 450°F. Unte com manteiga uma assadeira grande.

3. Coloque os aspargos um ao lado do outro na assadeira, sobrepondo-os ligeiramente. Regue com 1 colher de sopa de manteiga e polvilhe com pimenta e queijo.

4. Asse por 15 minutos ou até o queijo derreter e dourar.

5. Em uma frigideira grande antiaderente, derreta as 2 colheres de sopa restantes de manteiga em fogo médio. Quando a espuma da manteiga diminuir, quebre um ovo em uma xícara e coloque-o com cuidado na panela. Repita com os ovos restantes. Polvilhe com sal e cozinhe até que os ovos estejam a gosto, cerca de 2 a 3 minutos.

6. Divida os aspargos pelos pratos. Coloque os ovos por cima. Despeje o suco da frigideira por cima e sirva quente.

Ovos em Purgatory

Uova no Purgatório

Rende 4 porções

Quando eu era criança, o jantar de sexta à noite em nossa casa era sempre uma refeição sem carne. Nossas refeições foram baseadas na culinária napolitana. O jantar geralmente consistia em macarrão e fagioli (macarrão com feijão), salada de atum ou esses deliciosos ovos cozidos em molho de tomate picante, daí o adorável nome Ovos no Purgatório. Este é um prato perfeito para quando não há muito na despensa e você quer algo quente e rápido. O pão crocante é o acompanhamento essencial.

2 colheres de sopa de azeite

¼ xícara de cebola picada

2 xícaras de tomate pelado em lata, picado

4 folhas frescas de manjericão cortadas em pedaços ou uma pitada de orégano seco

Uma pitada de pimenta vermelha esmagada (peperoncino)

Sal

8 ovos grandes

1. Despeje o azeite em uma frigideira média. Adicione a cebola e cozinhe em fogo médio, mexendo, até ficar macia e dourada, cerca de 10 minutos. Adicione o tomate, o manjericão, a pimenta vermelha e o sal a gosto. Leve para ferver e cozinhe por 15 minutos ou até engrossar.

2. Quebre um ovo em uma xícara pequena. Com uma colher, faça um furo no molho de tomate. Deslize o ovo no molho. Continue com os ovos restantes.

3. Tampe a frigideira e cozinhe até que os ovos estejam a gosto, 2 a 3 minutos. Servir quente.

Ovos em Molho de Tomate, Estilo Marchas

Uova em Brodetto

Rende 2 porções

Meu tio Joe, cuja família veio da região de Marche, na costa leste da Itália, tinha um jeito especial de cozinhar ovos com molho de tomate. Sua receita, embora semelhante à<u>Ovos em Purgatory</u>, contém uma pitada de vinagre para um sabor picante.

1 cebola pequena picada bem fina

1 colher de sopa de salsinha fresca, bem picada

2 colheres de sopa de azeite

11/2 xícaras de tomates frescos descascados, sem sementes e picados ou tomates enlatados, escorridos e picados

1 a 2 colheres de sopa de vinagre de vinho branco

Sal e pimenta preta moída na hora

4 ovos grandes

1. Em uma frigideira antiaderente de 23 cm, misture a cebola, a salsa e o azeite e cozinhe em fogo médio, mexendo ocasionalmente, até a cebola ficar macia e dourada, cerca de 10 minutos.

2. Adicione os tomates, o vinagre, o sal e a pimenta a gosto. Cozinhe por 10 minutos ou até o molho engrossar.

3. Quebre um ovo em uma xícara pequena. Com uma colher, faça um furo no molho. Coloque cuidadosamente no ovo. Repita com os ovos restantes. Polvilhe com sal e pimenta. Cubra e cozinhe até que os ovos estejam a gosto, 2 a 3 minutos. Servir quente.

Ovos à moda piemontesa

Uova al Cirighet

Rende 4 porções

Muitos pratos no Piemonte são temperados com alho e anchovas temperadas com vinagre. Aqui, os ovos ganham esse tratamento picante e saboroso.

4 colheres de sopa de azeite

4 filés de anchova, escorridos e picados

2 colheres de sopa de salsa fresca picada

2 colheres de sopa de alcaparras, enxaguadas e escorridas

2 dentes de alho bem picados

2 folhas de sálvia picadas

Uma pitada de pimenta vermelha esmagada

1 colher de sopa de vinagre de vinho tinto

1 a 2 colheres de chá de suco de limão fresco

2 colheres de sopa de manteiga sem sal

8 ovos grandes

Sal

1. Em uma frigideira média, misture o azeite, as anchovas, a salsa, as alcaparras, o alho, a sálvia e a pimenta vermelha amassada. Cozinhe em fogo médio, mexendo sempre, até que as anchovas se dissolvam, 4 a 5 minutos. Adicione o vinagre e o suco de limão. Cozinhe mais 1 minuto.

2. Em uma frigideira grande antiaderente, derreta a manteiga em fogo médio. Quando a espuma da manteiga diminuir, coloque cuidadosamente os ovos na frigideira. Polvilhe com sal e cozinhe por 2 a 3 minutos ou até que os ovos estejam a gosto.

3. Despeje o molho sobre os ovos. Sirva imediatamente.

ovos florentinos

Uova alla Fiorentina

Rende 4 porções

Os ovos florentinos são frequentemente preparados nos Estados Unidos com manteiga e um rico molho holandês. Esta é uma versão que tive em Florença. Em vez de manteiga, o espinafre é cozido com alho e azeite, bastando um pouco de queijo parmesão por cima dos ovos. É uma preparação muito mais leve, perfeita para um brunch informal.

3 libras de espinafre, caules duros removidos

Sal

2 colheres de sopa de azeite

1 dente de alho picado

Pimenta preta moída na hora

8 ovos

2 colheres de sopa de Parmigiano-Reggiano ralado na hora

1. Lave bem o espinafre em várias trocas de água fria. Coloque o espinafre, 1/2 xícara de água e uma pitada de sal em uma panela grande. Tampe a panela e leve ao fogo médio. Cozinhe por 5 minutos ou até que o espinafre esteja macio e macio. Escorra o espinafre e esprema o excesso de água.

2. Despeje o óleo em uma frigideira grande. Adicione o alho e cozinhe até dourar, cerca de 2 minutos.

3. Adicione espinafre e sal e pimenta a gosto. Cozinhe, mexendo ocasionalmente, até aquecer bem, cerca de 2 minutos.

4. Quebre um ovo em uma xícara pequena. Com uma colher, faça um corte no espinafre. Deslize o ovo no entalhe. Repita com os ovos restantes.

5. Polvilhe os ovos com sal e pimenta e o queijo. Tampe a frigideira e cozinhe por 2 a 3 minutos ou até que os ovos estejam a gosto. Servir quente.

Ovos Assados com Batata e Queijo

Uova al Forno

Rende 4 porções

Comida reconfortante napolitana é a melhor maneira de descrever esta caçarola em camadas de batatas, queijo e ovos que minha mãe costumava fazer para mim quando eu era criança.

1 libra de batatas para todos os fins, como Yukon gold

Sal

1 colher de sopa de manteiga sem sal

8 onças de mussarela fresca, fatiada

4 ovos grandes

Pimenta preta moída na hora

2 colheres de sopa de Parmigiano Reggiano

1. Esfregue as batatas e descasque-as. Corte-os em fatias de 1/4 de polegada de espessura. Coloque as batatas em uma panela média com água fria até cobrir e sal a gosto. Cubra e leve para

ferver. Cozinhe até que as batatas estejam macias quando furadas com um garfo, cerca de 10 minutos. Escorra as batatas e deixe esfriar um pouco.

2. Coloque uma gradinha no centro do forno. Pré-aqueça o forno a 400°F. Espalhe manteiga no fundo e nas laterais de uma assadeira quadrada de 23 cm. Disponha as rodelas de batata na frigideira, sobrepondo-as ligeiramente. Coloque as fatias de queijo por cima das batatas. Quebre os ovos em uma xícara pequena e coloque-os na frigideira sobre o queijo. Polvilhe com sal, pimenta e o Parmigiano-Reggiano ralado.

3. Asse até que os ovos estejam a gosto, cerca de 15 minutos. Servir quente.

pimentão e ovos

Pepperoni e Uova

Rende 4 porções

Pimentos salteados ou batatas com ovos mexidos são bons para um brunch com salsichas grelhadas, ou sirva-os recheados em fatias de pão italiano crocante para sanduíches clássicos de heróis.

1/4 xícara de azeite

2 pimentões vermelhos médios, cortados em pedaços pequenos

1 pimentão verde médio, cortado em pedaços pequenos

1 cebola pequena em fatias finas

Sal

8 ovos grandes

1/4 xícara de Parmigiano-Reggiano ralado na hora

Pimenta preta moída na hora

1. Em uma frigideira antiaderente de 23 cm, aqueça o óleo em fogo médio. Adicione o pimentão, a cebola e o sal a gosto. Cozinhe, mexendo sempre, até os pimentões ficarem dourados, cerca de 20 minutos. Cubra e cozinhe por mais 5 minutos ou até que os pimentões estejam bem macios.

2. Em uma tigela média, bata os ovos com o queijo e acrescente sal e pimenta-do-reino moída a gosto. Despeje os ovos sobre os pimentões e deixe-os descansar um pouco. Vire os pimentões e os ovos com uma espátula ou colher para permitir que os ovos crus cheguem à superfície da frigideira. Deixe os ovos assentarem e mexa novamente. Repita mexendo e cozinhando até que os ovos estejam a gosto, cerca de 2 a 3 minutos. Servir quente.

batatas e ovos

Patate com o Uuova

Rende 4 porções

Batatas mexidas com ovos são uma combinação clássica encontrada em todo o sul da Itália. Se desejar, você pode fritar um pimentão pequeno em rodelas finas ou uma cebola, ou ambos, junto com as batatas. Sirva com salsicha no brunch ou recheie batatas e ovos no pão italiano para um sanduíche heróico.

1/4 xícara de azeite

4 batatas cerosas novas, descascadas e cortadas em fatias de 1/4 polegadas

Sal

8 ovos grandes

Pimenta preta moída na hora

1. Em uma frigideira antiaderente de 23 cm, aqueça o óleo em fogo médio. Seque as fatias de batata e coloque-as na panela. Cozinhe, virando os pedaços com frequência, até que as

batatas estejam douradas e macias, cerca de 10 minutos. Polvilhe com sal.

2. Em uma tigela média, bata os ovos com sal e pimenta a gosto. Despeje os ovos na frigideira e deixe-os descansar um pouco. Vire as batatas e os ovos com uma espátula ou colher para permitir que os ovos crus cheguem à superfície da frigideira. Deixe os ovos assentarem e mexa novamente. Repita mexendo e cozinhando até que os ovos estejam a gosto, cerca de 2 a 3 minutos. Servir quente.

Mexido de cogumelos e ovo

Uova com cogumelos

Rende 4 porções

Ovos mexidos com cogumelos são bons para um jantar leve ou brunch. Cogumelos brancos são bons, mas cogumelos selvagens adicionam um excelente sabor terroso.

3 colheres de sopa de manteiga sem sal

1 cebola pequena, finamente picada

2 xícaras de cogumelos fatiados

Sal e pimenta preta moída na hora

8 ovos grandes

1. Em uma frigideira antiaderente de 23 cm, derreta a manteiga em fogo médio. Adicione a cebola, os cogumelos e sal e pimenta a gosto. Cozinhe, mexendo ocasionalmente, até os cogumelos dourarem levemente, cerca de 10 minutos.

2. Em uma tigela média, bata os ovos com sal e pimenta a gosto. Despeje os ovos sobre os legumes e deixe-os descansar um

pouco. Vire os cogumelos e os ovos com uma espátula ou colher para que os ovos crus cheguem à superfície da frigideira. Deixe os ovos assentarem e mexa novamente. Repita mexendo e cozinhando até que os ovos estejam a gosto, cerca de 2 a 3 minutos. Servir quente.

Fritada de cebola e rúcula

Cipolle e Rughetta Fritada

Rende 4 porções

Um dia, uma velha amiga de minha mãe, de Palermo, na Sicília, veio me visitar. Nós a conhecíamos como Zia Millie, embora ela não fosse realmente uma tia. Ela se ofereceu para fazer uma salada para acompanhar a refeição e perguntou se eu tinha cebolas suaves, como as variedades vermelhas ou brancas. Eu só tinha as cebolas amarelas que normalmente uso para cozinhar, mas ela disse que não teria problema. Ele cortou uma cebola em fatias finas e a molhou em várias mudas de água fria, que retirou os sucos poderosos. Quando estávamos prontos para comer a salada, a cebola estava tão doce quanto qualquer variedade mais suave. Eu uso esse método frequentemente quando quero um sabor suave de cebola.

Esta fritada Puglia é temperada com cebola e rúcula. Substitua as folhas de agrião ou espinafre se não tiver rúcula.

2 cebolas médias em fatias finas

3 colheres de sopa de azeite

1 cacho grande de rúcula, com caules duros removidos, cortado em pedaços pequenos (cerca de 2 xícaras)

8 ovos grandes

1/4 xícara de Parmigiano-Reggiano ralado na hora

Sal e pimenta preta moída na hora

1. Coloque as cebolas em uma tigela com água fria para cobri-las. Deixe descansar por 1 hora, trocando a água uma ou duas vezes, até que a cebola fique doce. Escorra e seque.

2. Despeje o óleo em uma frigideira antiaderente de 23 cm. Adicione as cebolas. Cozinhe em fogo médio, mexendo ocasionalmente, até que as cebolas estejam macias e douradas, cerca de 10 minutos. Adicione a rúcula até murchar, cerca de 1 minuto.

3. 3 Em uma tigela média, bata os ovos, o queijo, o sal e a pimenta a gosto. Despeje os ovos sobre os legumes na panela e abaixe o fogo. Cubra e cozinhe até que os ovos estejam firmes, mas ainda úmidos no centro e a fritada levemente dourada no fundo, cerca de 5 a 10 minutos.

4. Usando uma espátula para ajudar, deslize a fritada em um prato. Inverta a frigideira sobre o prato e vire rapidamente o prato e a frigideira para que a fritada volte à frigideira com o lado cozido para cima. Cozinhe até firmar no centro, cerca de mais 5 minutos. Ou, se preferir não virar, coloque a frigideira sob a grelha por 3 a 5 minutos ou até que os ovos estejam cozidos a gosto.

5. Deslize a fritada em um prato de servir e corte em fatias. Sirva quente ou em temperatura ambiente.

Fritada de Abobrinha e Manjericão

Fritada de abobrinha

Rende 4 porções

Minha mãe costumava cultivar abobrinha em nosso pequeno quintal no Brooklyn. No auge da temporada, eles cresciam tão rápido que mal conseguíamos usá-los com rapidez suficiente. Aí minha mãe fez essa fritada simples, que comemos com salada de tomate fresco. Do tamanho de um cachorro-quente, as abobrinhas caseiras eram macias e saborosas, com sementes minúsculas e casca fina.

3 colheres de sopa de azeite

2 a 3 abobrinhas pequenas (cerca de 1 quilo), lavadas e fatiadas

8 ovos grandes

1/4 xícara de Parmigiano-Reggiano ralado na hora

6 folhas frescas de manjericão, empilhadas e cortadas em tiras finas

Sal e pimenta preta moída na hora

1. Em uma frigideira antiaderente de 23 cm, aqueça o óleo em fogo médio-alto. Adicione a abobrinha e cozinhe, virando os pedaços de vez em quando, até que a abobrinha fique bem dourada, cerca de 12 minutos.

2. Em uma tigela grande, bata os ovos, o queijo, o manjericão e o sal e a pimenta a gosto. Abaixe o fogo para médio. Despeje a mistura sobre a abobrinha. Levante as bordas da fritada para permitir que o ovo cru alcance a superfície da frigideira. Cozinhe até que os ovos estejam firmes, mas ainda úmidos no centro e a fritada levemente dourada no fundo, cerca de 5 a 10 minutos.

3. Deslize a fritada em um prato e inverta a forma sobre o prato. Vire rapidamente o prato e a frigideira para que a fritada cozinhe com o lado voltado para cima. Cozinhe até firmar no centro, cerca de mais 5 minutos. Ou, se preferir não virar, deslize a assadeira sob a grelha por 3 a 5 minutos ou até ficar a gosto. Sirva quente ou em temperatura ambiente.

4. Deslize a fritada em um prato de servir e corte em fatias. Sirva quente ou leve à geladeira e sirva frio.

Fritada de Cem Ervas

Fritada com Cento Erbe

Rende 4 porções

Embora eu normalmente use apenas cinco ou seis ervas nesta fritada Friuli-Venezia Giulia, o nome indica que as possibilidades são muito maiores e você pode usar quaisquer ervas frescas que tiver disponível. Salsa fresca é essencial, mas se as únicas outras ervas que você tiver em mãos estiverem secas, use apenas uma pitada ou seus sabores serão insuportáveis.

8 ovos grandes

1/4 xícara de Parmigiano-Reggiano ralado na hora

2 colheres de sopa de salsinha fresca picada finamente

2 colheres de sopa de manjericão fresco picado

1 colher de sopa de cebolinha fresca picada

1 colher de chá de estragão fresco picado

1 colher de chá de tomilho fresco picado

Sal e pimenta preta moída na hora

2 colheres de sopa de azeite

1. Em uma tigela grande, bata os ovos, o queijo, as ervas, o sal e a pimenta a gosto até incorporar bem.

2. Em uma frigideira antiaderente de 23 cm, aqueça o óleo em fogo médio. Despeje a mistura de ovos na frigideira. Levante as bordas da fritada para permitir que o ovo cru alcance a superfície da frigideira. Cozinhe até que os ovos estejam firmes, mas ainda úmidos no centro e a fritada levemente dourada no fundo, cerca de 5 a 10 minutos.

3. Deslize a fritada em um prato e inverta a forma sobre o prato. Vire rapidamente o prato e a frigideira para que a fritada cozinhe com o lado voltado para cima. Cozinhe até firmar no centro, cerca de mais 5 minutos. Ou, se preferir não virar, deslize a assadeira sob a grelha por 3 a 5 minutos ou até ficar a gosto. Sirva quente ou em temperatura ambiente.

Fritada de espinafre

Fritada de espinafre

Rende 4 porções

Espinafre, escarola, acelga ou outros vegetais podem ser usados nesta fritada. Sirva com cogumelos salteados e tomate fatiado.

1 quilo de espinafre fresco picado

1/4 xícara de água

Sal

8 ovos grandes

1/4 xícara de creme de leite

1/2 xícara de Parmigiano-Reggiano ralado na hora

2 colheres de sopa de manteiga sem sal

1. Coloque o espinafre, a água e o sal a gosto em uma panela grande. Cubra e cozinhe em fogo médio até ficar macio e murcho, cerca de 5 minutos. Seque bem. Deixe esfriar um

pouco. Coloque o espinafre sobre um pano de prato e esprema para extrair o líquido.

2. Em uma tigela grande, bata os ovos, as natas, o queijo, o sal e a pimenta a gosto. Adicione espinafre.

3. Em uma frigideira antiaderente de 23 cm, derreta a manteiga em fogo médio. Despeje a mistura na panela. Levante as bordas da fritada para permitir que o ovo cru alcance a superfície da frigideira. Cozinhe até que os ovos estejam firmes, mas ainda úmidos no centro e a fritada levemente dourada no fundo, cerca de 5 a 10 minutos.

4. Deslize a fritada em um prato e inverta a forma sobre o prato. Vire rapidamente o prato e a frigideira para que a fritada cozinhe com o lado voltado para cima. Cozinhe até firmar no centro, cerca de mais 5 minutos. Ou, se preferir não virar, deslize a assadeira sob a grelha por 3 a 5 minutos ou até ficar a gosto. Sirva quente ou em temperatura ambiente.

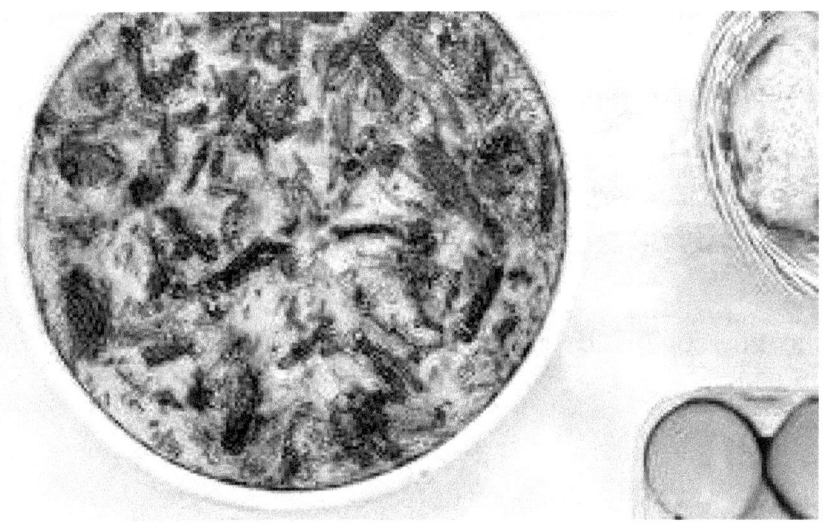

Cogumelo e Fontina Fritada

Fritada de cogumelos e fontina

Rende 4 porções

O genuíno Fontina Valle d'Aosta tem um aroma amadeirado de cogumelos e combina bem com qualquer prato de cogumelos. Use cogumelos selvagens se preferir que sejam brancos.

3 colheres de sopa de manteiga sem sal

8 onças de cogumelos, cortados ao meio ou em quatro, se forem grandes

Sal e pimenta preta moída na hora

8 ovos grandes

2 colheres de sopa de salsa fresca picada

4 onças de Fontina Valle d'Aosta, fatiada

1. Em uma frigideira antiaderente de 23 cm, derreta a manteiga em fogo médio. Adicione os cogumelos e tempere com sal e pimenta a gosto. Cozinhe, mexendo sempre, até os cogumelos dourarem levemente, cerca de 10 minutos.

2. Numa tigela grande, bata os ovos com a salsa e tempere com sal e pimenta a gosto. Abaixe o fogo para médio. Despeje a mistura sobre os cogumelos. Levante as bordas da fritada para permitir que o ovo cru alcance a superfície da frigideira. Cubra e cozinhe até que os ovos estejam firmes, mas ainda úmidos no centro e a fritada levemente dourada no fundo, cerca de 5 a 10 minutos.

3. Coloque as fatias de queijo por cima. Deslize a frigideira sob a grelha e cozinhe por 1 a 3 minutos ou até que o queijo derreta e os ovos estejam a gosto. Ou, se preferir, tampe a panela e cozinhe por 3 a 5 minutos, até o queijo derreter e os ovos ficarem a gosto.

4. Deslize a fritada em um prato de servir. Servir quente.

Fritada de espaguete napolitana

Fritada de espaguete

Rende 6 porções

Numa reunião de família há alguns anos, um parente distante começou a falar sobre suas receitas favoritas. Ela descreveu um bolo achatado de crosta dourada recheado com carnes e queijos que seus filhos sempre pediam. Anotei suas instruções e tentei em casa. Ficou tão bom quanto ela disse, e desde então aprendi que é uma receita tradicional napolitana. Embora você possa fazer espaguete sozinho para este prato, ele é tradicionalmente feito com sobras.

8 ovos grandes

1/2 xícara de Parmigiano-Reggiano ou Pecorino Romano ralado na hora

Sal e pimenta preta moída na hora

12 onças de espaguete ou outra massa, cozida e escorrida

4 onças de salame, presunto ou presunto italiano importado, cortado em tiras estreitas

2 colheres de sopa de azeite

8 onças de mussarela em fatias finas

1. Em uma tigela grande, bata os ovos, o queijo, o sal e a pimenta a gosto. Adicione o espaguete e o salame.

2. Em uma frigideira antiaderente de 23 cm, aqueça o óleo em fogo médio. Adicione metade da mistura de espaguete. Cubra com fatias de queijo. Despeje a mistura restante de macarrão sobre o queijo.

3. Reduza o calor ao mínimo. Cozinhe o espaguete, alisando a superfície de vez em quando, para que a massa grude e forme um bolo. Após cerca de 5 minutos, deslize uma espátula ao redor da borda da assadeira e levante suavemente o bolo para garantir que não grude. Cozinhe até que os ovos estejam firmes e a fritada levemente dourada no fundo, cerca de 15 a 20 minutos.

4. Deslize a fritada em um prato e inverta a forma sobre o prato. Vire rapidamente o prato e a frigideira para que a fritada cozinhe com o lado voltado para cima. Cozinhe até firmar no centro, cerca de mais 5 minutos. Ou, se preferir não virar,

deslize a assadeira sob a grelha por 3 a 5 minutos ou até ficar a gosto. Sirva quente ou em temperatura ambiente.

Macarrão Fritada

Macarrão fritada

Rende 4 porções

Qualquer sobra de massa pode ser reciclada nesta deliciosa fritada. Não importa se a massa é simples ou com molho de tomate, molho de carne ou legumes, esta fritada fica sempre excelente. Improvise adicionando linguiça picada, presunto, queijo ou alguns vegetais cozidos picados. As quantidades não são realmente importantes.

6 ovos grandes

1/2 xícara de Parmigiano-Reggiano ralado na hora

Sal e pimenta preta moída na hora

8 onças de macarrão cozido, com ou sem molho

2 colheres de sopa de azeite

1. Em uma tigela grande, misture os ovos, o queijo, o sal e a pimenta a gosto. Adicione o macarrão cozido.

2. Em uma frigideira antiaderente de 23 cm, aqueça o óleo em fogo médio. Adicione a mistura de macarrão e pressione até ficar homogêneo. Cozinhe até que os ovos estejam firmes, mas ainda úmidos no centro e a fritada levemente dourada no fundo, cerca de 10 minutos.

3. Deslize a fritada em um prato e inverta a forma sobre o prato. Vire rapidamente o prato e a frigideira para que a fritada cozinhe com o lado voltado para cima. Cozinhe até firmar no centro, cerca de mais 5 minutos. Ou, se preferir não virar, deslize a assadeira sob a grelha por 3 a 5 minutos ou até ficar a gosto. Sirva quente ou em temperatura ambiente.

pequenas tortilhas

Fritada

Rende 6 porções

Tortilhas em miniatura, preparadas em uma frigideira como panquecas, são boas para servir como parte de uma pasta de antepasto ou como recheio de sanduíches. Esta versão feita com alho-poró e repolho é do Piemonte.

Cerca de 1/4 xícara de azeite

3 xícaras de repolho picado

1 alho-poró médio, cortado e em fatias finas

6 ovos grandes

1/2 xícara de Parmigiano-Reggiano ralado na hora

1/2 colher de chá de sal

Pimenta preta moída na hora

1. Em uma frigideira antiaderente pesada de 23 cm, aqueça 3 colheres de sopa de óleo em fogo médio-baixo. Adicione o

repolho e o alho-poró. Tampe a frigideira e cozinhe, mexendo de vez em quando, até o repolho ficar bem macio, cerca de 30 minutos. Deixar esfriar.

2. Em uma tigela média, bata os ovos, o queijo, o sal e a pimenta a gosto. Adicione a mistura de vegetais.

3. Pincele levemente uma frigideira ou frigideira grande antiaderente com óleo. Aqueça em fogo médio.

4. Mexa a mistura de ovos e despeje 1/4 xícara na frigideira, deixando cerca de 10 centímetros entre as tortilhas. Achate levemente com as costas de uma colher. Cozinhe até que os ovos estejam firmes e as tortilhas comecem a dourar no fundo, cerca de 2 minutos. Usando um virador de panquecas, vire as tortilhas e cozinhe do outro lado por mais 1 minuto. Transfira as tortilhas para um prato.

5. Cozinhe as tortilhas restantes da mesma maneira. Sirva quente ou em temperatura ambiente.

Flor de ricota e fritada de abobrinha

Fritada de Fiori e Ricota

Rende 4 porções

As flores de abobrinha não são apenas lindas, mas também deliciosas de comer, algo que os italianos conhecem bem. Meu mercado local tinha um grande suprimento de flores de abobrinha aos sábados. Comprei algumas para rechear e fritar, mas ainda sobrou bastante, então fiz essa fritada com as flores que sobraram. Era delicado e delicioso; Já fiz isso para o brunch várias vezes desde então.

Também pode ser feito só com ricota se não tiver flores de abobrinha.

2 colheres de sopa de manteiga sem sal

6 abobrinhas ou outras flores de abóbora, enxaguadas e secas

6 ovos grandes, batidos

1/4 xícara de Parmigiano-Reggiano ralado na hora

Sal e pimenta moída na hora

1 xícara de ricota

1. Em uma frigideira antiaderente de 23 cm, derreta a manteiga em fogo médio. Disponha as flores de abobrinha na panela em forma de catavento.

2. Em uma tigela média, bata os ovos, o queijo parmesão, o sal e a pimenta a gosto. Despeje cuidadosamente a mistura sobre as flores, sem perturbá-las. Coloque pedaços de ricota ao redor da panela. Levante as bordas da fritada para permitir que o ovo cru alcance a superfície da frigideira. Cozinhe até que os ovos estejam firmes, mas ainda úmidos no centro e a fritada levemente dourada no fundo, cerca de 5 a 10 minutos.

3. Deslize a fritada em um prato e inverta a forma sobre o prato. Vire rapidamente o prato e a frigideira para que a fritada cozinhe com o lado voltado para cima. Cozinhe até firmar no centro, cerca de mais 5 minutos. Ou, se preferir não virar, deslize a frigideira sob a grelha por 3 a 5 minutos ou até que os ovos estejam cozidos a gosto. Sirva quente ou em temperatura ambiente.

Tiras de Tortilha em Molho de Tomate

Fettuccine de Fritada

Rende 4 porções

Sem massa? Nenhum problema. Faça uma fritada fina e corte-a em tiras para parecer fettuccine. Embora seja conhecido como fettuccine di fritatata em toda a Itália, em Roma esse prato é chamado de trippe finte, que significa tripa falsa, porque as tiras de ovo lembram vísceras quando cozidas dessa maneira. Sirva no almoço ou jantar com vegetais verdes da estação ou uma salada verde.

>2 xícaras molho de tomate fresco qualquer Molho de Tomate Toscano

8 ovos grandes

1/4 xícara de Parmigiano-Reggiano ralado na hora e mais para servir

1 colher de sopa de salsa fresca picada

1 colher de chá de sal

Pimenta preta moída na hora

2 colheres de sopa de manteiga sem sal

1. Prepare o molho de tomate, se necessário. Em seguida, coloque uma gradinha no centro do forno. Pré-aqueça o forno a 400°F. Unte generosamente com manteiga uma assadeira de 13 × 9 × 2 polegadas.

2. Em uma tigela média, bata os ovos, 1/4 xícara de queijo, salsa, sal e pimenta a gosto. Despeje a mistura de ovos na assadeira preparada. Asse por 8 a 10 minutos ou até que os ovos estejam firmes e uma faca inserida no centro saia limpa.

3. Passe uma faca pela borda da panela. Inverta os ovos sobre uma tábua. Corte a tortilha em tiras de 1/2 polegada.

4. Em uma frigideira antiaderente de 23 cm, aqueça o molho em fogo baixo até ferver. Deslize as tiras de ovo no molho. Cozinhe, mexendo delicadamente, por 2 a 3 minutos. Sirva quente com queijo ralado.

Robalo com Migalhas de Azeitona

Branzino alle azeitona

Rende 4 porções

As oliveiras crescem em profusão por toda a Toscana. A maioria das azeitonas é prensada para fazer azeite, mas os cozinheiros ainda têm muitas azeitonas saborosas à sua disposição. Aqui dão sabor às migalhas polvilhadas nos filés de robalo.

3/4 xícaras de pão ralado seco, de preferência caseiro

1/3 xícara de azeitonas pretas macias picadas finamente

1 dente de alho picado

1 colher de sopa de salsa fresca picada

1 colher de chá de raspas de limão

Sal

Pimenta preta moída na hora

Cerca de 1/4 xícara de azeite

1 1/2 libra de robalo ou outros filés de peixe branco firmes, sem pele

1. Coloque uma gradinha no centro do forno. Pré-aqueça o forno a 450°F. Unte uma assadeira grande com óleo.

2. Numa tigela colocamos o pão ralado, as azeitonas, o alho, a salsa, as raspas de limão, uma pitada de sal e pimenta preta a gosto. Adicione o azeite e mexa bem.

3. Coloque o peixe na frigideira em uma única camada. Empilhe as migalhas por cima dos filés.

4. Asse por 8 a 10 minutos, dependendo da espessura do peixe, ou até que as migalhas fiquem douradas e o peixe fique opaco quando cortado na parte mais grossa. Sirva imediatamente.

Robalo com cogumelos

Branzino à la Romana

Rende 4 porções

Sanduíche um recheio saboroso entre dois filés de peixe desossados é uma boa maneira de sentir o sabor do peixe recheado sem ter que lidar com as espinhas. Qualquer filé de peixe grande pode ser usado, como salmão, garoupa ou peixe oleoso. Escolha dois bifes de tamanho e formato semelhantes.

4 colheres de sopa de azeite

3 cebolas verdes picadas

1 dente de alho picado

8 onças de cogumelos brancos, aparados e picados

2 filés de anchova picados

Sal e pimenta preta moída na hora

1/2 xícara de vinho branco seco

2 colheres de sopa de salsa fresca picada

2 colheres de sopa de pão ralado simples

2 filés de robalo, garoupa ou anchova de formato semelhante (cerca de 3/4 libras cada), sem pele

1. Coloque uma gradinha no centro do forno. Pré-aqueça o forno a 400°F. Unte uma assadeira grande o suficiente para acomodar os filés empilhados.

2. Despeje 3 colheres de sopa de óleo em uma frigideira grande. Adicione a cebolinha e o alho e cozinhe em fogo médio até ficar macio, cerca de 5 minutos. Adicione os cogumelos, as anchovas e sal e pimenta a gosto. Cozinhe por 5 minutos, mexendo ocasionalmente. Adicione o vinho e cozinhe por 15 minutos ou até o líquido evaporar. Retire do fogo e acrescente a salsa e o pão ralado.

3. Coloque um filé com a pele voltada para baixo na panela.

4. Espalhe cerca de dois terços da mistura de cogumelos sobre o bife na frigideira. Cubra com a pele do segundo filé voltada para baixo e espalhe o restante da mistura de cogumelos por cima. Regue com a colher de sopa restante de óleo.

5. Asse por 15 a 20 minutos, dependendo da espessura, ou até que o peixe fique opaco quando cortado na parte mais grossa. Servir quente.

Filetes de Pregado com Pasta de Azeitona e Tomate

Losango com pasta de azeitona

Rende 4 porções

Um pote grande de pasta de azeitona preta trazida da Itália e alguns tomates maduros me inspiraram a criar esta saborosa receita.

1 1/2 libra de pregado, robalo ou outros filés grossos de peixe branco

2 colheres de sopa de pasta de azeitona preta ou azeitonas pretas macias finamente picadas

2 tomates médios, picados

6 folhas frescas de manjericão, enroladas e cortadas transversalmente em tiras finas

1. Coloque uma gradinha no centro do forno. Pré-aqueça o forno a 450°F. Unte com óleo uma assadeira grande o suficiente para conter os filés em uma única camada.

2.Coloque os filés na assadeira em uma única camada. Espalhe os filés com a pasta de azeitona. Espalhe os tomates e o manjericão sobre o peixe.

3.Asse por 8 a 10 minutos, dependendo da espessura, até que o peixe fique opaco ao cortar a parte mais grossa. Sirva imediatamente.

Bacalhau Assado

Merluzzo alla Griglia

Rende 4 porções

Pargo, garoupa e mahi-mahi são outras boas opções para este peixe grelhado básico. eu sirvo com<u>Purê de Batata com Azeitonas e Salsa</u>e<u>Brócolis com Azeite e Limão</u>.

1 1/2 libra de filé de bacalhau fresco

3 colheres de sopa de azeite

2 colheres de sopa de vinagre de vinho tinto

2 dentes de alho em fatias finas

1 colher de chá de orégano seco, esfarelado

Sal e pimenta preta moída na hora

2 colheres de sopa de salsa fresca picada

1 limão cortado em rodelas

1. Pré-aqueça o frango em fogo alto. Unte uma assadeira grande o suficiente para acomodar o peixe em uma única camada. Coloque o peixe na panela.

2. Misture azeite, vinagre, alho, orégano e sal e pimenta a gosto. Despeje a mistura sobre os filés de peixe. Polvilhe com metade da salsa.

3. Grelhe o peixe por 8 a 10 minutos, dependendo da espessura, ou até ficar opaco ao cortar a parte mais grossa. Polvilhe com a salsa restante. Sirva quente, com rodelas de limão.

Peixe em "Água Loca"

Peixe em Acqua Pazza

Rende 4 porções

Não se sabe ao certo por que esta forma napolitana de cozinhar peixe é chamada de água maluca, mas é provavelmente uma referência à água do mar que os pescadores costumavam usar para cozinhar o pescado fresco. Embora esse método seja normalmente usado para cozinhar peixes inteiros, acho que também funciona bem com filés. Use uma variedade firme que mantenha sua forma enquanto ferve.

3 colheres de sopa de azeite

1 dente de alho em fatias finas

4 tomates ameixa, cortados ao meio, sem sementes e picados

1 colher de sopa de salsa fresca picada

Uma pitada de pimenta vermelha esmagada

1/2 xícara de água

Sal a gosto

1 1/2 libra de filés de peixe firmes, como robalo, pregado ou pargo

1. Despeje o azeite em uma frigideira grande. Adicione o alho e cozinhe em fogo médio até dourar, cerca de 5 minutos. Adicione o tomate, a salsa, o pimentão vermelho, a água e o sal a gosto. Leve para ferver e cozinhe por 5 minutos.

2. Adicione o peixe à frigideira e cubra com o molho. Cubra e cozinhe por 5 a 10 minutos ou até que o peixe fique opaco quando cortado na parte mais grossa. Servir quente.

Peixe azul com limão e hortelã

Peixe Azzurro al Limone

Rende 4 porções

Por terem um teor de gordura mais elevado do que outras variedades, os peixes de polpa escura, como os peixes oleosos, têm um sabor mais forte. Os italianos do sul os cozinham em uma marinada saborosa e refrescante com alho, hortelã e limão.

2 dentes de alho grandes, picados finamente

3 colheres de sopa de azeite

1/4 xícara de suco de limão fresco

1/2 colher de chá de raspas de limão raladas na hora

Sal e pimenta preta moída na hora a gosto

1/4 xícara de hortelã fresca picada

11/2 libras de filés de anchova ou cavala

1. Em uma tigela rasa, misture o alho, o azeite, o suco de limão, as raspas, o sal e a pimenta. Adicione hortelã. Adicione o

peixe, virando os filés para cobrir todos os lados. Cubra e deixe marinar por 1 hora na geladeira.

2.Pré-aqueça o frango. Coloque o peixe na assadeira com a pele voltada para baixo. Cozinhe, regando os filés uma vez com a marinada, por 8 a 10 minutos, dependendo da espessura do peixe, ou até dourar levemente e ficar opaco na parte mais grossa. Não há necessidade de virar o peixe. Servir quente.

sola recheada

Sogliole maduro

Rende 4 porções

A presença de passas, pinhões e alcaparras neste saboroso recheio costuma ser sinal de um prato siciliano, embora esta receita venha da Ligúria. Seja qual for a sua origem, o recheio valoriza os filés de peixe branco. Escolha filés grandes e finos, como linguado ou linguado.

1/2 xícara de pão ralado simples

2 colheres de sopa de pinhões

2 colheres de sopa de passas

2 colheres de sopa de alcaparras, enxaguadas e escorridas

1 colher de sopa de salsa fresca picada

1 dente de alho pequeno, picado finamente

3 colheres de sopa de azeite

2 colheres de sopa de suco de limão fresco

Sal e pimenta preta moída na hora

4 filés grandes de linguado, linguado ou outros filés finos (cerca de 1 1/2 libras)

1. Coloque uma gradinha no centro do forno. Pré-aqueça o forno a 400°F. Unte uma assadeira grande com óleo.

2. Misture o pão ralado, os pinhões, as passas, as alcaparras, a salsa e o alho. Adicione 2 colheres de sopa de óleo, suco de limão e sal e pimenta a gosto.

3. Reserve 2 colheres de sopa da mistura de migalhas. Divida o restante entre metade de cada filé. Dobre os filés para envolver o recheio. Disponha os filés na assadeira. Polvilhe com a mistura de migalhas reservada. Regue com 1 colher de sopa de óleo restante.

4. Asse por 6 a 8 minutos ou até ficar opaco quando cortado na parte mais grossa. Servir quente.

Rolinhos de Linguado com Manjericão e Amêndoas

Sogliola com Basílico e Mandorle

Rende 4 porções

Andrea Felluga, da Vinícola Livio Felluga, colocou meu marido e eu sob sua proteção e nos mostrou sua região de Friuli-Venezia Giulia. Uma cidade memorável que visitamos foi Grado, na costa do Adriático. Localizada em uma ilha, Grado era um refúgio para os cidadãos romanos da vizinha Aquileia que fugiam do ataque de Átila, o Huno, no século V. Hoje, é um resort de praia, embora poucos não-italianos pareçam visitá-lo, mas eles se aglomeram nas proximidades. Veneza. Comemos linguado assim preparado no Restaurante Colussi, um animado restaurante que serve comida típica da região.

4 filés grandes de linguado, linguado ou outros filés finos (cerca de 1 1/2 libras)

Sal e pimenta preta moída na hora

6 folhas frescas de manjericão, picadas finamente

2 colheres de sopa de manteiga sem sal derretida

1 colher de sopa de suco de limão fresco

¼ xícara de amêndoas fatiadas ou pinhões

1. Coloque uma gradinha no centro do forno. Pré-aqueça o forno a 350°F. Unte com manteiga uma assadeira pequena.

2. Corte os filés de linguado ao meio, no sentido do comprimento. Coloque os filés com a pele voltada para cima sobre uma superfície plana e polvilhe com sal e pimenta. Polvilhe com metade do manjericão, manteiga e suco de limão. Começando pela extremidade mais larga, enrole os pedaços de peixe. Coloque os rolinhos com a costura voltada para baixo na assadeira. Regue com o suco de limão restante e a manteiga. Espalhe o manjericão e as nozes restantes por cima.

3. Asse o peixe por 15 a 20 minutos ou até ficar opaco quando cortado na parte mais grossa. Servir quente.

Atum Marinado à Siciliana

Tom Condito

Rende 4 porções

O atum nesta receita é cozido suavemente no vapor e depois temperado com ervas frescas e temperos. Seria uma refeição fresca e refrescante de verão servida em uma cama de salada verde ou rúcula com salada de batata.

11/4 libras de filés de atum, com cerca de 3/4 polegadas de espessura

2 colheres de sopa de vinagre de vinho tinto

Sal

3 a 4 colheres de sopa de azeite extra virgem

1 dente de alho picado

2 colheres de sopa de salsa fresca picada

1 colher de sopa de hortelã fresca picada

1/2 colher de chá de pimenta vermelha moída

1. Encha uma panela que caiba em uma grelha de vapor com 1/2 polegada de água. Traga água para a fervura. Enquanto isso, corte o atum em tiras de 1/2 polegada de espessura. Disponha o peixe na grelha a vapor. Coloque a grelha na panela. Tampe a panela e deixe o atum cozinhar por 3 minutos ou até ficar levemente rosado no centro. Teste o cozimento fazendo um pequeno corte na parte mais grossa do peixe.

2. Em um prato fundo, misture o vinagre e o sal. Adicione o azeite, o alho, as ervas e a pimenta vermelha esmagada. Adicione os pedaços de atum.

3. Deixe descansar por aproximadamente 1 hora antes de servir.

Espetada de Atum com Laranja

Tonno Spiedini

Rende 4 porções

Toda primavera, os pescadores sicilianos se reúnem para a mattanza, a matança do atum. Esta maratona de pesca ritual envolve numerosos pequenos barcos cheios de homens que conduzem atuns migratórios para uma série de redes cada vez menores até que fiquem presos. Os enormes peixes são então mortos e levados a bordo dos barcos. O processo é trabalhoso e, à medida que os homens trabalham, cantam canções especiais que os historiadores datam da Idade Média ou até antes. Embora esta prática esteja em extinção, ainda existem alguns locais ao longo das costas norte e oeste onde ocorre a mattanza.

Os sicilianos têm inúmeras maneiras de cozinhar o atum. Neste, o aroma da laranja assada e das ervas aromáticas prenuncia o sabor sugestivo dos pedaços de peixe de polpa firme.

1 1/2 libra de filés de atum fresco, peixe-espada ou salmão (cerca de 2,5 cm de espessura)

1 laranja de umbigo cortada em 16 pedaços

1 cebola roxa pequena, cortada em 16 pedaços

2 colheres de sopa de azeite

2 colheres de sopa de suco de limão fresco

1 colher de sopa de alecrim fresco picado

Sal e pimenta preta moída na hora

6 a 8 folhas de louro

1. Corte o atum em pedaços de 1/2 polegada. Em uma tigela grande, misture os pedaços de atum, laranja e cebola roxa com o azeite, o suco de limão, o alecrim, o sal e a pimenta a gosto.

2. Coloque a churrasqueira ou grelha a cerca de 12 centímetros da fonte de calor. Pré-aqueça a grelha ou grelha.

3. Passe alternadamente o atum, os pedaços de laranja, a cebola e o louro em 8 espetos.

4. Grelhe ou grelhe até o atum ficar dourado, cerca de 3 a 4 minutos. Vire os espetos e cozinhe até dourar por fora, mas

ainda rosado no centro, cerca de mais 2 minutos, ou até ficar a gosto. Servir quente.

Atum e Pimentos Grelhados, Estilo Molise

Tonno e salsichas

Rende 4 porções

Pimentas e pimentas são uma das marcas registradas da culinária ao estilo Molise. Fiz este prato primeiro com sgombri, que é semelhante à cavala, mas costumo fazê-lo com filés de atum ou espadarte.

4 pimentões vermelhos ou amarelos

4 bifes de atum (cada um com cerca de 3/4 polegada de espessura)

2 colheres de sopa de azeite

Sal e pimenta preta moída na hora

1 colher de sopa de suco de limão fresco

2 colheres de sopa de salsa fresca picada

1 pimenta jalapeño pequena ou outra pimenta fresca, pimenta vermelha picada ou esmagada a gosto

1 dente de alho picado

1. Coloque a grelha ou assadeira a cerca de 12 centímetros da fonte de calor. Prepare uma churrasqueira em fogo médio-alto ou pré-aqueça a grelha.

2. Asse ou grelhe os pimentões, virando sempre, até que a pele fique com bolhas e levemente carbonizada, cerca de 15 minutos. Coloque os pimentões em uma tigela e cubra com papel alumínio ou filme plástico.

3. Pincele os filés de atum com azeite e sal e pimenta a gosto. Grelhe ou grelhe o peixe até dourar de um lado, cerca de 2 minutos. Vire o peixe com uma pinça e cozinhe até dourar do outro lado, mas ainda rosado no centro, cerca de mais 2 minutos, ou até ficar a gosto. Teste o cozimento fazendo um pequeno corte na parte mais grossa do peixe.

4. Retire o caroço, descasque e semeie os pimentões. Corte os pimentões em tiras de 1/2 polegada e coloque em uma tigela. Tempere com 2 colheres de sopa de azeite, suco de limão, salsa, pimenta, alho e sal a gosto. Misture delicadamente.

5. Corte o peixe em fatias de 1/2 polegada. Disponha as fatias ligeiramente sobrepostas em um prato de servir. Coloque os pimentões por cima. Sirva quente.

Atum Grelhado com Limão e Orégano

Tonno alla Griglia

Rende 4 porções

A primeira vez que visitei a Sicília, em 1970, não havia muitos restaurantes; todos os que existiam pareciam servir o mesmo cardápio. Comia bifes de atum ou de espadarte preparados dessa maneira em praticamente todos os almoços e jantares. Felizmente, ele estava sempre bem preparado. Os sicilianos cortam seus filés de peixe com apenas 1/2 polegada de espessura, mas eu prefiro-os com 2,5 cm de espessura para que não cozinhem demais facilmente. O atum fica melhor, úmido e macio, quando cozido até que o centro fique vermelho ou rosado, enquanto o peixe-espada deve ficar levemente rosado. Por ter cartilagem que precisa ser amaciada, o tubarão pode ficar mais um pouco cozido.

4 filés de atum, peixe-espada ou tubarão, com cerca de 2,5 cm de espessura

Azeite de oliva

Sal e pimenta preta moída na hora

1 colher de sopa de suco de limão espremido na hora

½ colher de chá de orégano seco

1. Coloque uma churrasqueira ou grelha a cerca de 12 centímetros da fonte de calor. Pré-aqueça a grelha ou grelha.

2. Pincele generosamente os filés com azeite e adicione sal e pimenta a gosto.

3. Grelhe o peixe até dourar levemente de um lado, 2 a 3 minutos. Vire o peixe e cozinhe até dourar levemente, mas ainda rosado por dentro, cerca de mais 2 minutos, ou até ficar a gosto. Teste o cozimento fazendo um pequeno corte na parte mais grossa do peixe.

4. Em uma tigela pequena, misture 3 colheres de sopa de azeite, suco de limão, orégano e sal e pimenta a gosto. Despeje a mistura de suco de limão sobre os filés de atum e sirva imediatamente.

Bifes De Atum Crocantes Grelhados

Tonno alla Griglia

Rende 4 porções

A farinha de rosca dá uma bela cobertura crocante nesses filés de peixe.

4 filés de atum ou peixe-espada (1 polegada de espessura)

3/4 xícara de migalhas de pão seco

1 colher de sopa de salsa fresca picada

1 colher de sopa de hortelã fresca picada ou 1 colher de chá de orégano seco

Sal e pimenta preta moída na hora

4 colheres de sopa de azeite

Fatias de limão

1. Pré-aqueça o frango. Lubrifique a assadeira. Em uma tigela, misture a farinha de rosca, a salsa, a hortelã, o sal e a pimenta

a gosto. Adicione 3 colheres de sopa de óleo ou o suficiente para umedecer as migalhas.

2. Coloque os filés de peixe na assadeira. Espalhe metade das migalhas sobre o peixe, dando tapinhas.

3. Grelhe os bifes a cerca de 15 centímetros do fogo por 3 minutos ou até que as migalhas estejam douradas. Vire cuidadosamente os bifes com uma espátula de metal e polvilhe com as migalhas restantes. Grelhe por mais 2 a 3 minutos ou até ainda ficar rosado no centro, ou até ficar a gosto. Teste o cozimento fazendo um pequeno corte na parte mais grossa do peixe.

4. Regue com 1 colher de sopa de óleo restante. Sirva quente, com rodelas de limão.

Atum grelhado com pesto de rúcula

Tonno com pesto

Rende 4 porções

O sabor picante da rúcula e a cor verde esmeralda brilhante deste molho são um complemento perfeito para atum fresco ou peixe-espada. Este prato também é bom em temperatura ambiente fria.

4 bifes de atum, com cerca de 2,5 cm de espessura

Azeite de oliva

Sal e pimenta preta moída na hora

Pesto de rúcula

1 cacho de rúcula, lavado e com caule (cerca de 2 xícaras levemente embaladas)

1/2 xícara de manjericão fresco levemente embalado

2 dentes de alho

1/2 xícara de azeite

Sal e pimenta preta moída na hora

1. Esfregue o peixe com um pouco de azeite e tempere com sal e pimenta a gosto. Cubra e leve à geladeira até estar pronto para cozinhar.

2. Para fazer o pesto: Em um processador de alimentos, misture a rúcula, o manjericão e o alho e processe até ficar bem picado. Adicione lentamente o óleo e processe até ficar homogêneo. Adicione sal e pimenta a gosto. Cubra e deixe descansar por 1 hora em temperatura ambiente.

3. Em uma frigideira grande antiaderente, aqueça 1 colher de sopa de óleo em fogo médio. Adicione as fatias de atum e cozinhe por 2 a 3 minutos de cada lado ou até dourar por fora, mas ainda rosado no centro, ou até ficar a gosto. Teste o cozimento fazendo um pequeno corte na parte mais grossa do peixe.

4. Sirva o atum quente ou em temperatura ambiente, regado com o pesto de rúcula.

Ensopado de Atum e Feijão Cannellini

Estufato de Tonno

Rende 4 porções

Durante o inverno, costumo cozinhar mais carne do que frutos do mar porque a carne parece mais satisfatória quando está fria. A exceção é este guisado feito com filés de atum e feijão frescos e carnudos. Tem todas as qualidades de colagem de costela e o bom sabor de uma feijoada, mas sem a carne, o que o torna perfeito para quem prefere refeições sem carne.

2 colheres de sopa de azeite

1 1/2 libra de atum fresco (1 polegada de espessura), cortado em pedaços de 1 1/2 polegada

Sal e pimenta preta moída na hora a gosto

1 pimentão vermelho ou verde grande, cortado em pedaços pequenos

1 xícara de tomate pelado em lata, escorrido e picado

1 dente de alho grande, picado finamente

6 folhas frescas de manjericão, cortadas em pedaços pequenos

1 lata (16 onças) de feijão cannellini, enxaguado e escorrido, ou 2 xícaras de feijão seco cozido

1. Aqueça o óleo em uma frigideira grande em fogo médio. Seque os pedaços de atum com papel toalha. Quando o azeite estiver quente, acrescente os pedaços de atum sem entupir a frigideira. Cozinhe até que os pedaços estejam levemente dourados por fora, cerca de 6 minutos. Transfira o atum para um prato. Polvilhe com sal e pimenta.

2. Adicione o pimentão à panela e cozinhe, mexendo de vez em quando, até começar a dourar, cerca de 10 minutos. Adicione o tomate, o alho, o manjericão, o sal e a pimenta. Leve para ferver. Adicione o feijão, tampe e reduza o fogo. Cozinhe por 10 minutos.

3. Adicione o atum e cozinhe até que o atum fique levemente rosado no centro, cerca de mais 2 minutos, ou até ficar a gosto. Teste o cozimento fazendo um pequeno corte na parte mais grossa do peixe. Servir quente.

Espadarte Siciliano com Cebola

Espada de peixe para sfinciuni

Rende 4 porções

Os cozinheiros sicilianos fazem uma deliciosa pizza chamada sfinciuni, palavra que deriva do árabe e significa "leve" ou "arejado". A pizza tem crosta grossa, mas leve, e é coberta com cebola, anchova e molho de tomate. Esta receita tradicional de peixe-espada é derivada dessa pizza.

3 colheres de sopa de azeite

1 cebola média em fatias finas

4 filés de anchova picados

1 xícara de tomate fresco, descascado, sem sementes e picado, ou tomate enlatado, escorrido e picado

Uma pitada de orégano seco esfarelado

Sal e pimenta preta moída na hora a gosto

4 filés de peixe-espada, com cerca de 3/4 polegadas de espessura

2 colheres de sopa de pão ralado seco e simples

1. Despeje 2 colheres de sopa de óleo em uma frigideira média. Adicione a cebola e cozinhe até ficar macia, cerca de 5 minutos. Adicione as anchovas e cozinhe por mais 5 minutos ou até ficar bem macia. Adicione o tomate, o orégano, o sal e a pimenta e cozinhe por 10 minutos.

2. Coloque uma gradinha no centro do forno. Pré-aqueça o forno a 350°F. Unte uma assadeira grande o suficiente para acomodar o peixe em uma única camada.

3. Seque os filés de peixe-espada. Coloque-os na assadeira preparada. Polvilhe com sal e pimenta. Espalhe sobre o molho. Misture a farinha de rosca com a colher de sopa restante de óleo. Polvilhe as migalhas sobre o molho.

4. Asse por 10 minutos ou até que o peixe fique levemente rosado no centro. Teste o cozimento fazendo um pequeno corte na parte mais grossa do peixe. Servir quente.

Espadarte com alcachofras e cebolas

Espada de Peixe com Carciofi

Rende 4 porções

Alcachofras são um vegetal siciliano favorito. Eles prosperam nas condições quentes e áridas da Sicília, e as pessoas os cultivam em suas hortas como planta decorativa. A variedade siciliana não cresce tanto quanto os gigantes que às vezes vejo nos mercados daqui, e são muito mais tenros.

2 alcachofras médias

2 colheres de sopa de azeite

4 filés grossos de espadarte, atum ou tubarão

Sal e pimenta preta moída na hora

2 cebolas médias

4 filés de anchova picados

1/4 xícara de pasta de tomate

1 xícara de água

½ colher de chá de orégano seco

1. Corte as alcachofras até o cone central de folhas verdes claras. Usando uma pequena faca, descasque o fundo e os talos das alcachofras. Corte as pontas do caule. Corte as alcachofras ao meio, no sentido do comprimento. Retire os estrangulamentos. Corte os corações em fatias finas.

2. Em uma frigideira grande, aqueça o óleo em fogo médio. Seque o peixe-espada e cozinhe até dourar dos dois lados, cerca de 5 minutos. Polvilhe com sal e pimenta. Retire o peixe para um prato.

3. Adicione as cebolas e as alcachofras à panela. Cozinhe em fogo médio, mexendo sempre, até a cebola amolecer, cerca de 5 minutos. Adicione as anchovas, a pasta de tomate, a água, o orégano, o sal e a pimenta a gosto. Deixe ferver e abaixe o fogo. Cozinhe por 20 minutos ou até que os vegetais estejam macios, mexendo ocasionalmente.

4. Empurre os legumes em direção à borda externa da panela e coloque o peixe de volta na panela. Banhe o peixe com o molho. Cozinhe por 1 a 2 minutos ou até que o peixe esteja bem aquecido. Sirva imediatamente.

Peixe-espada, estilo Messina

Espada de Peixe Messinês

Rende 4 porções

Excelentes peixes-espada são capturados nas águas da Sicília e os sicilianos têm inúmeras maneiras de prepará-los. O peixe é consumido cru, cortado em rodelas finas como papel, numa espécie de carpaccio, ou moído em salsichas cozidas em molho de tomate. Cubos de espadarte são misturados com macarrão, assados como carne ou grelhados na churrasqueira. Esta é uma receita clássica de Messina, na costa leste da Sicília.

1 libra de batatas fervendo

2 colheres de sopa de azeite

1 cebola grande picada

1/2 xícara de azeitonas pretas sem caroço, picadas grosseiramente

2 colheres de sopa de alcaparras, enxaguadas e escorridas

2 xícaras de tomate pelado, sem sementes e picado ou tomate em lata, escorrido e picado

Sal e pimenta preta moída na hora

2 colheres de sopa de salsinha picada

4 filés de peixe espada com 1 polegada de espessura

1. Esfregue as batatas e coloque-as numa panela com água fria até cobri-las. Leve a água para ferver e cozinhe até as batatas ficarem macias, cerca de 20 minutos. Escorra, deixe esfriar um pouco e descasque as batatas. Corte-os em fatias finas.

2. Despeje o óleo em uma panela grande. Adicione a cebola e cozinhe, mexendo sempre, em fogo médio até ficar macia, cerca de 10 minutos. Adicione as azeitonas, as alcaparras e os tomates. Tempere a gosto com sal e pimenta. Cozinhe até engrossar ligeiramente, cerca de 15 minutos. Adicione a salsa.

3. Coloque uma gradinha no centro do forno. Pré-aqueça o forno a 425°F. Despeje metade do molho em uma assadeira grande o suficiente para acomodar o peixe em uma única camada. Disponha o peixe-espada na frigideira e polvilhe com sal e pimenta. Coloque as batatas por cima, sobrepondo ligeiramente as rodelas. Despeje o molho restante sobre tudo.

4. Asse por 10 minutos ou até que o peixe fique levemente rosado no centro e o molho borbulhe. Servir quente.

Rolinhos de espadarte

Espada de Peixe Rollatini

Rende 6 porções

Tal como as costeletas de vitela ou de frango, fatias muito finas de peixe-espada carnudo ficam bem enroladas num recheio e cozinhadas na grelha ou no forno. Varie o recheio adicionando passas, azeitonas picadas ou pinhões.

1 1/2 libra de peixe-espada, cortado em fatias muito finas

3/4 xícara de migalhas de pão seco

2 colheres de sopa de alcaparras, enxaguadas, picadas e escorridas

2 colheres de sopa de salsa fresca picada

1 dente de alho grande, picado finamente

Sal e pimenta preta moída na hora

1/4 xícara de azeite

2 colheres de sopa de suco de limão fresco

1 limão cortado em rodelas

1. Coloque uma churrasqueira ou grelha a cerca de 12 centímetros da fonte de calor. Pré-aqueça a grelha ou grelha.

2. Retire a pele do peixe-espada. Coloque as fatias entre duas folhas de filme plástico. Bata suavemente as fatias até que tenham uma espessura uniforme de 1/4 polegada. Corte o peixe em pedaços de 3 x 2 polegadas.

3. Em uma tigela média, misture a farinha de rosca, as alcaparras, a salsa, o alho, o sal e a pimenta a gosto. Adicione 3 colheres de sopa de óleo e misture até que as migalhas fiquem umedecidas por igual.

4. Coloque uma colher de sopa da mistura de migalhas em uma das pontas de um pedaço de peixe. Enrole o peixe e feche com um palito. Coloque os rolinhos em um prato.

5. Junte o suco de limão e o óleo restante. Pincele a mistura sobre os rolos. Polvilhe o peixe com o restante da mistura de pão ralado, dando tapinhas para aderir.

6. Grelhe os rolinhos por 3 a 4 minutos de cada lado ou até dourar e os rolinhos ficarem firmes quando pressionados e

levemente rosados no centro. Eles devem ser um pouco estranhos. Teste o cozimento fazendo um pequeno corte na parte mais grossa do peixe. Sirva quente com rodelas de limão.

Pregado assado com legumes

Rombo al Forno com Legumes

Rende 4 porções

A Calábria tem uma longa costa ao longo do Mar Mediterrâneo. No verão, esta região é popular entre os italianos e outros europeus que procuram uma escapadela de praia acessível. Certa vez, meu marido e eu dirigimos ao longo da costa perto de Scalea e comemos em um restaurante local com um grande forno a lenha. Quando chegamos, o cozinheiro trazia grandes panelas com legumes assados em azeite e cobertos com peixe branco fresco. Os vegetais douraram e infundiram no peixe seu sabor delicioso. Em casa uso pregado quando encontro, mas outros filés de peixe branco também seriam bons.

1 pimentão vermelho cortado em pedaços de 2,5 cm

1 abobrinha média, cortada em pedaços de 2,5 cm

1 berinjela média, cortada em pedaços de 2,5 cm

4 batatas de fervura média, cortadas em pedaços de 2,5 cm

1 cebola média, cortada em pedaços de 1 polegada

1 folha de louro

1/4 xícara mais 1 colher de sopa de azeite

Sal e pimenta preta moída na hora

4 filés grossos de pregado, linguado ou outro peixe branco

1 colher de sopa de suco de limão

2 colheres de sopa de salsa fresca picada

1. Coloque uma gradinha no centro do forno. Pré-aqueça o forno a 425°F. Escolha uma assadeira grande o suficiente para acomodar o peixe e os vegetais em uma única camada ou use duas assadeiras menores. Na panela misture o pimentão, a abobrinha, a berinjela, a batata, a cebola e o louro. Polvilhe com 1/4 xícara de azeite e sal e pimenta a gosto. Misture bem.

2. Asse os legumes por 40 minutos ou até dourar e ficar macio.

3. Coloque os filés de peixe em um prato e polvilhe com 1 colher de sopa de óleo restante, suco de limão, salsa e sal e pimenta a gosto. Empurre os legumes para fora da panela e adicione o peixe. Asse por mais 8 a 10 minutos, dependendo da

espessura do peixe, até ficar opaco ao cortar a parte mais grossa. Servir quente.

Robalo grelhado com legumes ao alho

Branzino alle Verdor

Rende 4 porções

Passas e vegetais com sabor de alho, como acelga, espinafre e escarola, são uma combinação favorita de Roma ao sul da Itália. Esta receita foi inspirada em um prato preparado pelo meu amigo, o chef Mauro Mafrici, que serve os legumes com filés de peixe frito crocantes e batatas assadas.

1 cacho de escarola (cerca de 1 libra)

3 colheres de sopa de azeite

3 dentes de alho em fatias finas

Uma pitada de pimenta vermelha esmagada

1/4 xícara de passas

Sal

11/4 libras de robalo chileno, bacalhau ou outro filé firme e sem pele, com cerca de 11/2 polegadas de espessura

1. Separe as folhas e lave a escarola em várias trocas de água fria, prestando especial atenção aos veios brancos centrais onde se acumula a sujidade. Empilhe as folhas e corte transversalmente em tiras de 2,5 cm.

2. Despeje 2 colheres de sopa de azeite em uma panela grande. Adicione o alho e a pimenta vermelha. Cozinhe em fogo médio até o alho dourar, cerca de 2 minutos.

3. Adicione a escarola, as passas e uma pitada de sal. Tampe a panela e cozinhe, mexendo de vez em quando, até a escarola ficar macia, cerca de 10 minutos. Prove e ajuste o tempero.

4. Lave o peixe e seque. Polvilhe os pedaços com sal e pimenta. Em uma frigideira antiaderente média, aqueça 1 colher de sopa de óleo restante em fogo médio. Adicione os pedaços de peixe com a pele voltada para cima. Cozinhe até que o peixe esteja dourado, 4 a 5 minutos. Tampe a panela e cozinhe por mais 2 a 3 minutos ou até que o peixe fique opaco no centro. Teste o cozimento fazendo um pequeno corte na parte mais grossa do peixe. Não há necessidade de virar o peixe.

5. Usando uma escumadeira, transfira a escarola para 4 travessas. Cubra com o peixe com o lado dourado voltado para cima. Servir quente.

Scrod com molho de tomate picante

Merluzzo ao molho Pomodoro

Rende 4 porções

Comemos este peixe na casa de alguns amigos napolitanos, acompanhados de Falanghina, um delicioso vinho branco da região. Cuscuz combina bem com peixe.

2 colheres de sopa de azeite

1 cebola média em fatias finas

Uma pitada de pimenta vermelha esmagada

2 xícaras de tomate enlatado com suco picado

Uma pitada de orégano seco esfarelado

Sal

11/4 libras de filés de lombo ou garoupa, cortados em porções para servir

1/2 colher de chá de raspas de limão

1. Despeje o azeite em uma frigideira média. Adicione a cebola e o pimentão vermelho. Cozinhe, mexendo sempre, em fogo médio, até a cebola ficar macia e dourada, cerca de 10 minutos. Adicione o tomate, o orégano e o sal e cozinhe até o molho engrossar, cerca de 15 minutos.

2. Lave o peixe, seque e polvilhe com sal. Adicione o peixe à frigideira e cubra com o molho. Cubra e cozinhe por 8 a 10 minutos, dependendo da espessura do peixe, até ficar opaco ao cortar a parte mais grossa.

3. Usando uma escumadeira, transfira o peixe para uma travessa. Se o peixe soltou muito líquido, aumente o fogo da panela e cozinhe, mexendo sempre, até o molho engrossar.

4. Retire o molho do fogo e acrescente as raspas de limão. Despeje o molho sobre o peixe e sirva imediatamente.

Carpaccio de salmão

Carpaccio de salmão

Rende 4 porções

Carpaccio geralmente se refere a fatias finas de carne crua servidas com molho rosa cremoso. A receita foi supostamente criada há cerca de cem anos por um dono de restaurante veneziano que queria mimar um cliente favorito cujo médico a aconselhou a evitar comer alimentos cozidos. O dono do restaurante batizou o prato em homenagem a Vittore Carpaccio, pintor cuja obra estava exposta na época.

Hoje, o termo carpaccio se aplica a alimentos em fatias finas, tanto crus quanto cozidos. Essas costeletas finas de salmão são cozidas apenas de um lado para que permaneçam úmidas e mantenham a forma.

4 xícaras de agrião

3 colheres de sopa de azeite extra virgem

1 colher de sopa de suco de limão fresco

1/2 colher de chá de raspas de limão

Sal e pimenta preta moída na hora

1 quilo de filé de salmão, cortado em fatias finas, como costeletas

1 cebola verde picada finamente

1. Lave o agrião em várias mudas de água fria. Retire os caules duros e seque bem as folhas. Corte em pedaços pequenos e coloque em uma tigela.

2. Em uma tigela, misture 2 colheres de sopa de óleo, suco de limão, raspas, sal e pimenta a gosto.

3. Aqueça 1 colher de sopa de óleo em uma frigideira grande antiaderente em fogo alto. Adicione peixe suficiente para caber em uma única camada. Cozinhe até dourar levemente na parte inferior, mas ainda mal passado na parte superior, cerca de 1 minuto. Usando uma espátula grande, retire o salmão da frigideira e coloque-o com o lado dourado voltado para cima em uma travessa grande. Polvilhe com sal e pimenta a gosto e metade da cebolinha. Cozinhe o salmão restante da mesma forma e adicione ao prato. Cubra com a cebola restante.

4. Misture o agrião com o molho. Empilhe a salada por cima do salmão. Sirva imediatamente.

Filetes de salmão com bagas de zimbro e cebola roxa

Ginepro Salmão

Rende 4 porções

As bagas de zimbro têm o aroma típico do gin e são frequentemente utilizadas para temperar guisados de caça. Você pode encontrá-los em muitos mercados que vendem temperos gourmet. Neste prato de salmão, que comi pela primeira vez em Veneza, as cebolas vermelhas doces e o zimbro são cozidos até ficarem macias e virarem um molho para o salmão.

3 colheres de sopa de azeite

4 filés de salmão, com cerca de 3⁄4 polegadas de espessura

Sal e pimenta preta moída na hora

2 cebolas roxas médias, cortadas em fatias finas

1⁄2 colher de chá de bagas de zimbro

1⁄2 xícara de vinho branco seco

1. Em uma frigideira média, aqueça o azeite em fogo médio. Seque os filés de salmão e coloque-os na frigideira. Cozinhe até dourar, cerca de 3 minutos. Vire os filés de salmão e sele do outro lado, mais cerca de 2 minutos. Com uma espátula, retire os filés para um prato. Polvilhe com sal e pimenta.

2. Adicione a cebola, as bagas de zimbro e o sal a gosto na frigideira. Adicione o vinho e leve para ferver. Abaixe o fogo e tampe a panela. Cozinhe por 20 minutos ou até que as cebolas estejam macias.

3. Retorne os filés de salmão para a panela e despeje a cebola sobre o peixe. Aumente o fogo para médio. Cubra e cozinhe por mais 2 minutos ou até que o peixe fique opaco quando cortado na parte mais grossa. Sirva imediatamente.

Salmão com Legumes Primavera

Salmão Primavera

Rende 4 porções

O salmão não é um peixe mediterrânico, mas nos últimos anos tem sido amplamente importado do norte da Europa para Itália e tornou-se muito popular nas cozinhas italianas. Esta receita de salmão assado com legumes primaveris foi um prato especial num restaurante de Milão.

Varie os vegetais, mas certifique-se de usar uma panela bem grande para que possam ser espalhados em uma camada rasa. Se estiverem muito cheios, os vegetais ficarão empapados em vez de dourar. Eu uso uma forma de rolo de gelatina de 15×10×1 polegada. Se você não tiver um grande o suficiente, divida os ingredientes entre dois ramequins menores.

4 batatas cerosas vermelhas ou brancas médias

1 xícara de cenouras baby, descascadas e picadas

8 chalotas inteiras ou 2 cebolas pequenas descascadas

3 colheres de sopa de azeite

Sal e pimenta preta moída na hora

8 onças de aspargos, cortados em pedaços de 5 cm

4 filés de salmão

2 colheres de sopa de ervas frescas picadas, como cebolinha, endro, salsa, manjericão ou uma combinação

1. Coloque uma gradinha no centro do forno. Pré-aqueça o forno a 425°F. Corte as batatas em rodelas grossas e seque. Em uma assadeira grande, misture as batatas, as cenouras e as chalotas ou cebolas. Adicione o azeite e sal e pimenta a gosto. Misture bem. Espalhe os legumes na assadeira e leve ao forno por 20 minutos.

2. Mexa os legumes e acrescente os aspargos. Asse por mais 10 minutos ou até que os vegetais estejam levemente dourados.

3. Polvilhe o salmão com sal e pimenta. Empurre os legumes para as laterais da panela. Adicione os filés de salmão. Asse por mais 7 minutos ou até que o salmão fique opaco e ainda úmido quando cortado na parte mais grossa. Polvilhe com as ervas e sirva imediatamente.

Filetes de Peixe ao Molho Verde

Peixe ao Molho Verde

Rende 4 porções

Um ano, passei a véspera de Ano Novo em Veneza com amigos e, antes de ir para os serviços religiosos da meia-noite na Catedral de São Marcos, jantamos em uma pequena trattoria perto da Ponte Rialto. Comemos camarão grelhado, risoto com choco e este prato de filetes de peixe salteados em salsa e molho de vinho branco com ervilhas. Depois do jantar, caminhamos pelas ruas, que estavam repletas de foliões bem-humorados, muitos deles com fantasias fabulosas.

1/2 xícara de farinha de trigo

Sal e pimenta preta moída na hora

4 filés de linguado, peixe-azulejo ou outro peixe branco, com cerca de 2,5 cm de espessura

4 colheres de sopa de azeite

4 cebolas verdes picadas finamente

3/4 xícara de vinho branco seco

1/4 xícara de salsinha fresca picada

1 xícara de ervilhas frescas ou congeladas

1. Em um pedaço de papel manteiga, misture a farinha, o sal e a pimenta a gosto. Lave o peixe e seque-o, depois mergulhe cada bife na mistura de farinha para cobrir levemente os dois lados. Sacuda o excesso.

2. Em uma frigideira grande, aqueça 2 colheres de sopa de óleo em fogo médio. Adicione o peixe e doure de um lado, cerca de 3 minutos. Vire o peixe e doure o outro lado por cerca de 2 minutos. Usando uma espátula de metal com fenda, transfira os bifes para um prato. Limpe a panela.

3. Despeje as 2 colheres de sopa de óleo restantes na frigideira. Adicione as cebolas. Cozinhe em fogo médio até dourar, cerca de 10 minutos. Adicione o vinho e leve para ferver. Cozinhe até que a maior parte do líquido evapore, cerca de 1 minuto. Adicione a salsa.

4. Volte o peixe para a panela e regue com o molho. Espalhe as ervilhas em volta do peixe. Reduza o calor ao mínimo. Cubra e

cozinhe por 5 a 7 minutos ou até que o peixe fique opaco quando cortado na parte mais grossa. Sirva imediatamente.

Halibute assado em papel

Peixe em Cartoccio

Rende 4 porções

Peixe assado em embalagem de papel manteiga é um prato espetacular e muito fácil de preparar. O papel preserva todo o sabor do peixe e dos temperos e tem a vantagem adicional de economizar na limpeza. A folha de alumínio pode substituir o pergaminho, mas não é tão atraente.

2 tomates médios, sem sementes e picados

2 cebolas verdes picadas finamente

1/4 colher de chá de manjerona seca ou tomilho

2 colheres de sopa de suco de limão fresco

2 colheres de sopa de azeite

Sal e pimenta preta moída na hora

4 (6 onças) de linguado, salmão ou outros filés de peixe, com cerca de 2,5 cm de espessura

1. Coloque uma gradinha no centro do forno. Pré-aqueça o forno a 400°F. Em uma tigela média, misture todos os ingredientes, exceto o peixe.

2. Corte 4 folhas de papel manteiga em quadrados de 30 centímetros. Dobre cada folha ao meio. Abra o papel e pincele o interior com óleo. Coloque um filé de peixe de um lado da dobra. Despeje a mistura de tomate sobre o peixe.

3. Dobre o papel sobre o peixe. Sele cada pacote fazendo pequenos vincos de uma extremidade à outra ao longo das bordas e dobrando-os firmemente. Deslize cuidadosamente os pacotes em 2 assadeiras.

4. Asse por 12 minutos. Para verificar o cozimento, abra um pacote e corte o peixe na parte mais grossa. Deve ser pouco opaco.

5. Deslize os pacotes em pratos de servir e permita que os clientes abram os seus. Servir quente.

Peixe Assado com Azeitonas e Batatas

Peixe Forno

Rende 4 porções

A manjerona é uma erva frequentemente usada na Ligúria, embora não seja muito conhecida nos Estados Unidos. Tem sabor semelhante ao orégano, embora seja muito menos assertivo que o orégano seco. O tomilho é um bom substituto.

Cozinhe as batatas com antecedência para que possam dourar e cozinhar. Em seguida, adicione o peixe para que tudo asse em perfeita harmonia. Uma salada verde é tudo que você precisa para continuar.

2 libras de batatas cozidas, descascadas e cortadas em fatias finas

6 colheres de sopa de azeite

Sal e pimenta preta moída na hora a gosto

2 colheres de sopa de salsa fresca picada

1/2 colher de chá de manjerona seca ou tomilho

2 colheres de sopa de suco de limão fresco

1/2 colher de chá de raspas de limão raladas na hora

2 peixes inteiros, como pargo ou robalo (cerca de 2 libras cada), limpos com cabeça e cauda intactas

1/2 xícara de azeitonas pretas macias, como Gaeta

1. Coloque uma gradinha no centro do forno. Pré-aqueça o forno a 450°F. Em uma tigela grande, misture as batatas com 3 colheres de sopa de azeite, sal e pimenta a gosto. Espalhe as batatas em uma assadeira grande e rasa. Asse as batatas por 25 a 30 minutos ou até começarem a dourar.

2. Misture as 3 colheres de sopa restantes de óleo, a salsa, a manjerona, o suco de limão, as raspas e sal e pimenta a gosto. Coloque metade da mistura dentro da cavidade do peixe e esfregue o restante na pele.

3. Com uma espátula grande, vire as batatas e espalhe as azeitonas. Lave bem o peixe e seque. Coloque o peixe por cima das batatas. Asse por 8 a 10 minutos por centímetro de espessura na parte mais larga do peixe ou até que a carne

fique opaca quando cortada com uma faca pequena e afiada perto do osso e as batatas estejam macias.

4. Transfira o peixe para um prato quente. Rodeie o peixe com as batatas e as azeitonas. Sirva imediatamente.

Pargo cítrico

Peixe Agrumi

Rende 4 porções

Não importa o tempo lá fora, você sentirá que está um dia gloriosamente ensolarado ao servir este peixe grelhado com frutas cítricas. A receita é baseada numa que experimentei em Positano. Um vinho fresco e crocante como o pinot grigio é o acompanhamento perfeito.

1 laranja média

1 limão médio

2 peixes inteiros, como pargo ou robalo (cerca de 2 libras cada), limpos com cabeça e cauda intactas

2 colheres de chá de folhas frescas de tomilho picadas

2 colheres de sopa de azeite

Sal e pimenta preta moída na hora

1/2 xícara de vinho branco seco

1 laranja e 1 limão, fatiados, para decorar

1. Usando um descascador de legumes de lâmina rotativa, retire metade das raspas da casca da laranja e do limão. Empilhe os pedaços e corte-os em tiras estreitas. Esprema as frutas para extrair o suco.

2. Coloque uma gradinha no centro do forno. Pré-aqueça o forno a 400°F. Unte uma assadeira grande o suficiente para acomodar o peixe em uma única camada.

3. Lave bem o peixe e seque. Coloque o peixe na frigideira e recheie a cavidade com o tomilho e metade das raspas. Polvilhe por dentro e por fora com azeite, sal e pimenta a gosto. Despeje o vinho, o suco e as raspas restantes sobre o peixe.

4. Asse, regando uma ou duas vezes com o suco da frigideira, por 8 a 10 minutos por centímetro de espessura na parte mais larga do peixe, ou até que a carne fique opaca quando cortada com uma faca pequena e afiada perto do osso. Sirva quente, decorado com rodelas de laranja e limão.

Peixe com crosta de sal

Peixe à venda

Rende 2 porções

Peixes e frutos do mar assados no sal são um prato tradicional da Ligúria e da costa toscana. Misturado com clara de ovo, o sal forma uma crosta espessa e dura para que o peixe em seu interior cozinhe no próprio suco. No Baia Beniamin, um belo restaurante à beira-mar em Ventimiglia, perto da fronteira francesa, observei o garçom quebrar habilmente a crosta de sal com as costas de uma colher pesada e levantá-la, removendo a casca e o sal com um movimento justo. No interior, o peixe estava cozido na perfeição.

6 xícaras de sal kosher

4 claras de ovo grandes

1 peixe inteiro, como pargo ou robalo (cerca de 2 libras cada), limpo com cabeça e cauda intactas

1 colher de sopa de alecrim fresco picado

2 dentes de alho picados finamente

1 limão cortado em rodelas

Azeite virgem extra

1. Coloque uma gradinha no centro do forno. Pré-aqueça o forno a 500°F. Em uma tigela grande, misture o sal e as claras até que o sal esteja uniformemente umedecido.

2. Unte uma assadeira grande o suficiente para acomodar o peixe. Coloque o peixe na assadeira. Preencha a cavidade com o alecrim e o alho.

3. Coloque o sal uniformemente sobre o peixe, cobrindo-o completamente. Bata no sal com firmeza para mantê-lo unido.

4. Asse o peixe por 30 minutos ou até que o sal comece a dourar levemente nas bordas. Para testar o cozimento, insira um termômetro de leitura instantânea através do sal na parte mais grossa do peixe. O peixe estará pronto quando a temperatura atingir 130°F.

5. Para servir, quebre a crosta de sal com uma colher grande. Retire o sal e a pele do peixe e descarte. Retire com cuidado a carne dos ossos. Sirva quente com rodelas de limão e um fiozinho de azeite virgem extra.

Peixe Assado com Vinho Branco e Limão

Peixe Vinho Branco

Rende 4 porções

Esta é uma forma básica de cozinhar qualquer peixe inteiro médio a pequeno. Experimentei na Ligúria, onde acompanhei com alcachofras e batatas cozidas.

2 peixes inteiros, como pargo ou robalo (cerca de 2 libras cada), limpos com cabeça e cauda intactas

1 colher de sopa de alecrim fresco picado

Sal e pimenta preta moída na hora

1 limão em fatias finas

2 colheres de sopa de salsa fresca picada

1 xícara de vinho branco seco

1/4 xícara de azeite extra virgem

1 colher de sopa de vinagre de vinho branco

1. Coloque uma gradinha no centro do forno. Pré-aqueça o forno a 400°F. Unte uma frigideira grande o suficiente para segurar os peixes lado a lado.

2. Lave o peixe e seque por dentro e por fora. Polvilhe o interior do peixe com o alecrim e sal e pimenta a gosto. Coloque algumas rodelas de limão na cavidade. Coloque o peixe na panela. Polvilhe a salsa sobre o peixe e coloque por cima as restantes rodelas de limão. Regue com vinho, azeite e vinagre.

3. Asse o peixe por 8 a 10 minutos por centímetro de espessura no ponto mais largo ou até que a carne fique opaca quando cortada com uma faca pequena e afiada perto do osso. Servir quente.

Truta com Presunto e Sálvia

Trote com presunto e sálvia

Rende 4 porções

A truta selvagem é muito saborosa, embora raramente seja encontrada nos mercados de peixe. A truta cultivada é muito menos interessante, mas o presunto e a sálvia realçam o sabor. Mandei preparar trutas assim em Friuli-Venezia Giulia, onde foi feita com o presunto local da cidade de San Daniele.

4 trutas inteiras pequenas e limpas, com cerca de 12 onças cada

4 colheres de sopa de azeite

2 a 3 colheres de sopa de suco de limão fresco

6 folhas frescas de sálvia, picadas finamente

Sal e pimenta preta moída na hora

8 fatias bem finas de presunto italiano importado

1 limão cortado em rodelas

1. Unte uma assadeira grande o suficiente para acomodar o peixe em uma única camada.

2. Em uma tigela pequena, misture o azeite, o suco de limão, a sálvia, o sal e a pimenta a gosto. Polvilhe o peixe por dentro e por fora com a mistura. Marinar o peixe na geladeira por 1 hora.

3. Coloque a grelha do forno no centro do forno. Pré-aqueça o forno a 375°F. Coloque uma fatia de presunto dentro de cada peixe e coloque outra fatia por cima. Asse por 20 minutos ou até que o peixe fique opaco quando cortado com uma faca pequena e afiada perto do osso. Sirva quente com rodelas de limão.

Sardinha Assada com Alecrim

sarde com rosamarina

Rende 4 porções

Sardinhas, cheiros e anchovas pertencem à família dos peixes de polpa escura conhecidos na Itália como pesce azzurro. Outros membros desta família incluem a cavala e, claro, a anchova. O alecrim complementa-os muito bem nesta receita toscana.

11/2 libras de sardinha fresca, cheirosa ou anchovas, limpas (veja a nota abaixo)

Sal e pimenta preta moída na hora

1 colher de sopa de alecrim fresco picado

1/4 xícara de azeite

1/4 xícara de pão ralado fino e seco

1 limão cortado em rodelas

1. Coloque a grelha no centro do forno. Pré-aqueça o forno a 400°F. Unte uma assadeira grande o suficiente para acomodar as sardinhas em uma única camada.

2. Coloque as sardinhas no prato e polvilhe por dentro e por fora com sal, pimenta e alecrim. Regue com azeite e polvilhe com pão ralado.

3. Asse por 15 minutos ou até que o peixe esteja cozido. Sirva com rodelas de limão.

> ***Observação:*** *Para limpar as sardinhas: Usando uma faca grande e pesada de chef ou uma tesoura de cozinha, corte as cabeças. Corte o peixe ao longo da barriga e retire as entranhas. Retire a espinha. Corte as barbatanas. Enxágue e escorra.*

Sardinhas venezianas

Sarda em Saor

Rende 4 porções

Passas e vinagre adicionam um delicioso sabor agridoce ao peixe neste clássico veneziano. Certifique-se de fazer esta receita pelo menos um dia antes da hora de servi-la para que os sabores sejam mais suaves. Pequenas porções são ótimas como aperitivo. Pode substituir as sardinhas por truta ou cavala inteiras, ou experimentar filetes de linguado. Em Veneza, a sarde in saor costuma ser servida com carne branca assada<u>Polenta</u>*.*

8 colheres de sopa de azeite

3 cebolas (cerca de 1 libra), cortadas em fatias de 1/2 polegada de espessura

1 xícara de vinho branco seco

1 xícara de vinagre de vinho branco

2 colheres de sopa de pinhões

2 colheres de sopa de passas

2 libras de sardinha, limpa

1. Despeje 4 colheres de sopa de óleo em uma frigideira grande e pesada. Adicione a cebola e cozinhe em fogo médio-baixo até ficar bem macia, cerca de 20 minutos. Mexa sempre e observe com atenção para que as cebolas não dourem. Adicione uma ou duas colheres de sopa de água, se necessário, para evitar que as cebolas coloram.

2. Adicione 1/2 xícara de vinho, 1/2 xícara de vinagre, passas e pinhões. Leve para ferver e cozinhe por 1 minuto. Saia do fogo.

3. Em outra frigideira, aqueça as 4 colheres de sopa restantes de óleo em fogo médio. Adicione as sardinhas e cozinhe até ficarem opacas no centro, cerca de 2 a 3 minutos de cada lado. Coloque as sardinhas numa única camada num prato grande. Despeje o restante do vinho e do vinagre.

4. Espalhe a mistura de cebola sobre o peixe. Cubra e leve à geladeira por 1 a 2 dias para permitir que os sabores amadureçam. Sirva em temperatura ambiente fresca.

Sardinhas Recheadas Sicilianas

Sarde Beccafico

Rende 4 porções

O Dr. Joseph Maniscalco, um velho amigo da família que veio de Sciacca, na Sicília, me ensinou a fazer esta receita tipicamente siciliana. O nome italiano significa sardinha em forma de pica-pau, um passarinho suculento que adora comer figos maduros.

1 xícara de pão ralado simples e seco

Cerca de 1/4 xícara de azeite

4 filés de anchova, escorridos e picados

2 colheres de sopa de salsa fresca picada

2 colheres de sopa de pinhões

2 colheres de sopa de passas

Sal e pimenta preta moída na hora

2 libras de sardinha fresca, limpa

Folhas de laurel

Fatias de limão

1. Coloque uma gradinha no centro do forno. Pré-aqueça o forno a 375°F. Unte uma assadeira pequena com óleo.

2. Em uma frigideira grande, torre o pão ralado em fogo médio, mexendo sempre, até dourar. Retire do fogo e adicione óleo suficiente para umedecê-los. Adicione as anchovas, a salsa, os pinhões, as passas e sal e pimenta a gosto. Misture bem.

3. Abra as sardinhas como um livro e coloque-as com a pele voltada para baixo sobre uma superfície plana. Coloque um pouco da mistura de pão ralado na cabeça de cada sardinha. Enrole as sardinhas, coloque o recheio e coloque-as lado a lado na frigideira, separando-as com uma folha de louro. Polvilhe as migalhas restantes por cima e regue com o azeite restante.

4. Asse por 20 minutos ou até que os rolinhos estejam cozidos. Sirva quente ou em temperatura ambiente com rodelas de limão.

sardinhas grelhadas

Sarde alla Griglia

Rende 4 porções

Peixes pequenos e saborosos como a sardinha, o cheiro e a anchova ficam irresistíveis quando cozinhados na grelha. Em um churrasco em uma vinícola em Abruzzo, os convidados encontraram fileiras e mais fileiras de pequenos peixes cozinhando em fogo de carvão. Embora parecessem ser muitos, logo desapareceram, regados com taças de vinho branco Trebbiano gelado.

Uma prateleira para cestos faz um bom trabalho segurando e virando os peixinhos enquanto eles cozinham. Se você tiver a sorte de cultivar seus próprios limoeiros ou laranjeiras e eles não tiverem sido tratados com produtos químicos, use algumas folhas para enfeitar o prato de servir. Caso contrário, folhas de chicória ou alface firme servirão.

12 a 16 sardinhas frescas ou cheirosas, limpas

2 colheres de sopa de azeite

Sal e pimenta preta moída na hora

Folhas de limão ou chicória não tratadas

2 limões cortados em rodelas

1. Coloque uma churrasqueira ou grelha a cerca de 12 centímetros da fonte de calor. Pré-aqueça uma grelha ou grelha.

2. Seque as sardinhas e pincele com azeite. Salpique levemente com sal e pimenta. Grelhe ou grelhe o peixe até dourar bem, cerca de 3 minutos. Vire delicadamente o peixe e cozinhe até dourar do outro lado, cerca de 2 a 3 minutos a mais.

3. Disponha as folhas em um prato. Cubra com sardinhas e decore com rodelas de limão. Servir quente.

Bacalhau frito

Baccala Fritta

Rende 4 porções

Esta é uma receita básica para cozinhar bacalhau. Pode ser servido sozinho ou acompanhado de molho de tomate. Alguns cozinheiros gostam de aquecer o molho em uma panela e depois adicionar o peixe frito, fervendo-os brevemente.

Cerca de 1 xícara de farinha de trigo

Sal e pimenta preta moída na hora

1 quilo de bacalhau ou bacalhau demolhado, cortado em porções

Azeite de oliva

Fatias de limão

1. Espalhe a farinha, o sal e a pimenta a gosto em um pedaço de papel manteiga.

2. Em uma frigideira grande e pesada, aqueça cerca de 1/2 polegada de óleo. Mergulhe rapidamente os pedaços de peixe na mistura de farinha, sacudindo levemente o excesso.

Coloque na frigideira quantos pedaços de peixe couberem, sem aglomerar.

3.Cozinhe o peixe até dourar, 2 a 3 minutos. Vire o peixe com uma pinça e cozinhe até dourar e ficar macio, mais 2 a 3 minutos. Sirva quente com rodelas de limão.

Variação: Adicione dentes de alho inteiros levemente esmagados e/ou pimentas frescas ou secas ao óleo de fritura para dar sabor ao peixe.

Bacalhau Salgado, Estilo Pizza

Baccala alla pizzaiola

Rende de 6 a 8 porções 8

Em Nápoles, tomate, alho e orégano são os sabores típicos de um clássico molho de pizza, por isso este prato aromatizado com esses ingredientes é chamado de estilo pizza. Para mais sabor, adicione um punhado de azeitonas e alguns filés de anchova ao molho.

2 libras de bacalhau demolhado, cortado em porções

4 colheres de sopa de azeite

2 dentes de alho grandes, bem picados

2 colheres de sopa de salsa fresca picada

Uma pitada de pimenta vermelha esmagada

3 xícaras de tomates frescos, descascados, sem sementes e picados, ou 1 lata (28 onças) de tomates italianos, descascados, escorridos e picados

2 colheres de sopa de alcaparras, enxaguadas, escorridas e picadas

1 colher de chá de orégano seco, esfarelado

Sal

1. Leve cerca de 5 centímetros de água para ferver em uma frigideira funda. Adicione o peixe e cozinhe até que esteja macio, mas sem desmoronar, cerca de 10 minutos. Retire o peixe com uma escumadeira e escorra.

2. Despeje o azeite em uma frigideira grande com o alho, a salsa e a pimenta vermelha amassada. Cozinhe até que o alho esteja levemente dourado, cerca de 2 minutos. Adicione os tomates e o seu suco, as alcaparras, o orégano e um pouco de sal. Deixe ferver e cozinhe até o líquido engrossar ligeiramente, cerca de 15 minutos.

3. Adicione o peixe escorrido. Banhe o peixe com o molho. Cozinhe por 10 minutos ou até ficar macio. Servir quente.

Bacalhau Salgado com Batatas

Baccala palermitana

Rende 4 porções

Um passeio pelo mercado Vucciria em Palermo, na Sicília, é uma experiência fascinante para qualquer pessoa, especialmente para um chef. Barracas de mercado alinham-se nas ruas movimentadas e sinuosas, e os compradores podem escolher entre uma variedade de carnes, peixes e produtos frescos (bem como qualquer coisa, desde roupas íntimas até baterias). As peixarias vendem bacalhau e bacalhau já demolhados e prontos a cozinhar. Aqui nos Estados Unidos, se não tiver tempo de molhar o peixe, substitua o bacalhau por pedaços de bacalhau fresco ou outro peixe branco firme.

1/4 xícara de azeite

1 cebola média fatiada

1 xícara de tomate em lata picado com suco

1/2 xícara de aipo picado

2 batatas médias, descascadas e fatiadas

1 1/2 libra de bacalhau, encharcado e escorrido

1/4 xícara de azeitonas verdes picadas

1. Em uma frigideira grande, aqueça o óleo em fogo médio. Adicione a cebola, o tomate, o aipo e as batatas. Leve para ferver e cozinhe até que as batatas estejam macias, cerca de 20 minutos.

2. Adicione o peixe e cubra os pedaços com o molho. Polvilhe com as azeitonas. Cozinhe até que o peixe esteja macio, cerca de 10 minutos. Prove o tempero e adicione sal se necessário. Servir quente.

Camarão e Feijão

Gamberi e Fagioli

Rende 4 porções

Forte dei Marmi é uma bela cidade na costa da Toscana. Tem uma elegância do velho mundo, com muitos palácios Art Déco, alguns dos quais foram convertidos em hotéis. Ao longo da praia pode alugar uma espreguiçadeira e um guarda-sol por um dia, uma semana ou um mês. Meu marido e eu, com os amigos Rob e Linda Leahy, tivemos uma longa discussão sobre passar um dia na praia ou comer em um restaurante chamado Lorenzo. Linda decidiu tomar sol enquanto o resto de nós se dirigia ao restaurante, especializado em preparações simples de frutos do mar, como esses camarões. Ficamos felizes por termos feito isso.

16 a 20 camarões grandes, descascados e limpos

4 colheres de sopa de azeite

2 colheres de sopa de alho fresco picado

2 colheres de sopa de manjericão fresco picado

Sal e pimenta preta moída na hora

3 xícaras de canelini cozido ou enlatado ou feijão Great Northern, escorrido

2 tomates médios, picados

Folhas frescas de manjericão, para decorar

1. Em uma tigela, regue o camarão com 2 colheres de sopa de azeite, metade do alho, 1 colher de sopa de manjericão e sal e pimenta a gosto. Mexa bem. Cubra e leve à geladeira por 1 hora.

2. Coloque uma churrasqueira ou grelha a cerca de 12 centímetros da fonte de calor. Pré-aqueça a grelha ou grelha.

3. Em uma panela, cozinhe o restante do azeite, o alho e o manjericão em fogo médio por cerca de 1 minuto. Adicione feijão. Cubra e cozinhe por 5 minutos ou até aquecer bem. Saia do fogo. Adicione os tomates e sal e pimenta a gosto.

4. Grelhe o camarão de um lado até dourar levemente, 1 a 2 minutos. Vire o camarão e cozinhe até dourar levemente e ficar opaco na parte mais grossa, cerca de 1 a 2 minutos a mais.

5. Coloque o feijão em 4 pratos. Disponha os camarões em volta do feijão. Decore com folhas frescas de manjericão. Sirva imediatamente.

Camarões ao Molho de Alho

Gamberi al'Aglio

Rende 4 a 6 porções

Camarões cozidos em molho de manteiga de alho são mais populares em restaurantes ítalo-americanos do que na Itália. É frequentemente chamado de "camarão com alho" aqui, um nome sem sentido que é uma pista de suas origens não italianas. O scampi não é, como o próprio nome indica, um estilo de cozinha, mas sim um tipo de marisco que se assemelha a uma lagosta em miniatura. Quanto à culinária, os camarões costumam ser grelhados com nada mais do que um pouco de azeite, salsa e limão.

Seja qual for o nome e a origem, o camarão ao molho de alho é uma delícia. Ofereça bastante pão bom para absorver o molho.

6 colheres de sopa de manteiga sem sal

1/4 xícara de azeite

4 dentes de alho grandes, picados finamente

16 a 24 camarões grandes, descascados e limpos

Sal

3 colheres de sopa de salsinha fresca picada

2 colheres de sopa de suco de limão fresco

1. Numa frigideira grande, derreta a manteiga com o azeite em fogo médio. Adicione o alho. Cozinhe até que o alho esteja levemente dourado, cerca de 2 minutos.

2. Aumente o fogo para médio-alto. Adicione o camarão e sal a gosto. Cozinhe por 1 a 2 minutos, virando o camarão uma vez e cozinhando até ficar rosado, cerca de 1 a 2 minutos a mais. Adicione a salsa e o suco de limão e cozinhe mais 1 minuto. Servir quente.

Camarão com Tomate, Alcaparras e Limão

Gamberi em Molho

Rende 4 porções

Esta é uma daquelas receitas rápidas e adaptáveis que os italianos fazem tão bem. Sirva como está para um prato principal rápido de camarão ou misture com macarrão e um pouco de azeite de oliva extra virgem para uma refeição farta.

2 colheres de sopa de azeite

1 quilo de camarão médio, descascado e limpo

1 dente de alho levemente esmagado

Sal

1 litro de uva ou tomate cereja, cortado ao meio ou em quartos, se grande

2 colheres de sopa de alcaparras, enxaguadas e escorridas

2 colheres de sopa de salsa fresca picada

1/4 colher de chá de raspas de limão

1. Em uma frigideira de 25 centímetros, aqueça o óleo em fogo médio-alto. Adicione o camarão, o alho e uma pitada de sal. Cozinhe até que o camarão fique rosado e levemente dourado, cerca de 1 a 2 minutos de cada lado. Transfira o camarão para um prato.

2. Adicione os tomates e as alcaparras à panela. Cozinhe, mexendo sempre, até os tomates amolecerem ligeiramente, cerca de 2 minutos. Volte o camarão para a panela e acrescente a salsinha e o sal a gosto. Mexa bem e cozinhe mais 2 minutos.

3. Adicione as raspas de limão. Descarte o alho e sirva imediatamente.

Camarões ao molho de anchova

Gamberi em Molho Acciughe

Rende 4 porções

Certa primavera, o Gruppo Ristoratori Italiani, uma organização de donos de restaurantes italianos nos Estados Unidos, me convidou para me juntar a eles e a um grupo de outros escritores de culinária em uma viagem à região de Marche, no centro da Itália. Ficamos em um hotel no litoral e planejamos fazer excursões para explorar as cidades vizinhas. Certa noite, o tempo tempestuoso tornou a viagem quase impossível, então comemos em um restaurante local chamado Tre Nodi. O proprietário era um pouco excêntrico e nos ensinou suas teorias sobre política, comida e culinária, mas os frutos do mar eram maravilhosos, especialmente o grande camarão vermelho mediterrâneo cozido com anchovas. Os camarões foram partidos quase ao meio e depois abertos completamente para ficarem totalmente cobertos com o molho. Quando saímos, o proprietário deu a cada um de nós um pequeno recipiente com areia da praia local para nos lembrar da nossa estadia.

1 1/2 libra de camarão gigante

4 colheres de sopa de manteiga sem sal

3 colheres de sopa de azeite

2 colheres de sopa de salsa fresca picada

2 dentes de alho grandes, bem picados

6 filés de anchova picados

1/3 xícara de vinho branco seco

2 colheres de sopa de suco de limão fresco

Sal e pimenta preta moída na hora

1. Descasque o camarão, deixando a cauda intacta. Com uma faca pequena, corte o camarão nas costas, cortando quase todo o outro lado. Retire a veia escura e abra o camarão como um livro. Lave o camarão e seque.

2. Coloque uma churrasqueira ou grelha a cerca de 12 centímetros da fonte de calor. Pré-aqueça a grelha ou grelha. Em uma frigideira grande própria para grelhar, derreta a manteiga com o azeite em fogo médio. Quando a espuma da manteiga desaparecer, acrescente a salsa, o alho e as

anchovas e cozinhe, mexendo por 1 minuto. Adicione o vinho e o suco de limão e cozinhe mais 1 minuto.

3. Tire a panela do fogo. Adicione o camarão com os lados cortados voltados para baixo. Polvilhe com sal e pimenta. Despeje um pouco do molho sobre o camarão.

4. Passe a frigideira sob a grelha e cozinhe por cerca de 3 minutos ou até os camarões ficarem opacos. Sirva imediatamente.

camarão frito

Gamberi Fritti

Rende 4 a 6 porções

Uma massa simples de farinha e água faz uma crosta crocante deliciosa para camarão frito. Lembre-se que esse tipo de massa não doura muito porque não contém açúcares nem proteínas. Para uma crosta marrom mais profunda, experimente massa de cerveja (<u>abobrinha frita</u>, passo 2) ou feito com ovos, como em<u>Camarão e Lula empanados</u>receita. Outro truque que muitos chefs de restaurantes usam é colocar na panela uma colher de sopa de óleo de cozinha que sobrou da fritura do dia anterior. Os motivos são complicados, mas se você fritar muito, vale a pena manter um pouco do óleo que sobrou resfriado coado e refrigerado para a próxima vez que fritar. No entanto, ele não dura indefinidamente e você deve sempre cheirar o óleo antes de usá-lo para ter certeza de que ainda está fresco.

Sirva estes camarões como prato principal ou aperitivo. Se quiser, você pode fritar feijão verde inteiro, tiras de abobrinha ou pimentão ou outros vegetais da mesma forma. Folhas inteiras de salsa, manjericão ou sálvia também são boas.

1 xícara de farinha multiuso

11/2 colheres de chá de sal

Cerca de 3/4 xícara de água fria

11/2 libras de camarão médio, descascado e limpo

Óleo vegetal para fritar

1. Coloque a farinha e o sal em uma tigela média. Aos poucos, adicione água, mexendo com um batedor de arame até ficar homogêneo. A mistura deve ficar bem espessa, como creme de leite.

2. Lave o camarão e seque. Forre uma bandeja com toalhas de papel.

3. Em uma panela funda e pesada, coloque óleo suficiente para atingir uma profundidade de 5 centímetros ou, se estiver usando uma fritadeira elétrica, siga as instruções do fabricante. Aqueça o óleo a 370°F. em um termômetro de fritura ou até que uma gota de massa colocada no óleo chie e fique dourada em 1 minuto.

4. Coloque o camarão na tigela com a massa e misture bem. Retire os camarões um de cada vez e com uma pinça coloque-os cuidadosamente no óleo. Frite quantos camarões couberem de uma vez, sem aglomerar. Cozinhe o camarão até dourar e ficar crocante, 1 a 2 minutos. Escorra em papel toalha. Frite o camarão restante da mesma forma. Sirva quente com rodelas de limão.

Camarão e Lula empanados

Frutti di Mare em Pastela

Rende 6 porções

Onde quer que você encontre frutos do mar na Itália, encontrará cozinheiros que os fritam em uma massa crocante. Essa massa é feita com ovos e fermento, o que confere à crosta uma textura leve e arejada, cor dourada e bom sabor. Embora eu use azeite para a maioria dos fins culinários, prefiro um óleo vegetal sem sabor para fritar.

1 colher de chá de fermento seco ativo ou fermento instantâneo

1 xícara de água morna (100 a 110°F)

2 ovos grandes

1 xícara de farinha multiuso

1 colher de chá de sal

1 quilo de camarão pequeno, descascado e limpo

8 onças de lula limpa

Óleo vegetal para fritar

1 limão cortado em rodelas

1. Em uma tigela média, polvilhe o fermento sobre a água. Deixe descansar por 1 minuto ou até ficar cremoso. Mexa para dissolver.

2. Adicione os ovos à mistura de fermento e bata bem. Adicione farinha e sal. Bata com um batedor até ficar homogêneo.

3. Lave bem os camarões e as lulas. Sei que. Corte as lulas transversalmente em anéis de 1/2 polegada. Se for grande, corte a base de cada grupo de tentáculos ao meio.

4. Em uma panela funda e pesada, coloque óleo suficiente para atingir uma profundidade de 5 centímetros ou, se estiver usando uma fritadeira elétrica, siga as instruções do fabricante. Aqueça o óleo a 370°F. em um termômetro de fritura ou até que uma gota de massa colocada no óleo chie e fique dourada em 1 minuto.

5. Misture o camarão e a lula à massa. Retire os pedaços aos poucos, deixando o excesso de massa escorrer de volta para a tigela. Coloque os pedaços com muito cuidado no óleo quente.

Não encha a panela. Frite, mexendo uma vez com uma escumadeira, até dourar, 1 a 2 minutos. Retire os frutos do mar da panela e escorra em papel toalha. Frite o resto da mesma forma. Sirva quente com rodelas de limão.

Espetos De Camarão Grelhado

Gamberi Spiedini

Rende 4 porções

Embora a rica gastronomia de Parma e Bolonha seja mais conhecida, a gastronomia da costa da Emília-Romana é muito boa e muitas vezes muito simples. Excelentes frutas e vegetais das fazendas da região e maravilhosos frutos do mar frescos são os pilares. Meu marido e eu comemos espetos de camarão grelhado na cidade costeira de Milano Marittima. Os mariscos podem ser substituídos por pedaços de peixe de polpa firme.

1/2 xícara de pão ralado simples

1 colher de sopa de alecrim fresco picado

1 dente de alho, descascado e picado

Sal e pimenta preta moída na hora

2 colheres de sopa de azeite

1 quilo de camarão médio, descascado e limpo

1 limão cortado em rodelas

1. Coloque uma churrasqueira ou grelha a cerca de 12 centímetros da fonte de calor. Pré-aqueça a grelha ou grelha.

2. Em uma tigela média, misture o pão ralado, o alecrim, o alho, o sal e a pimenta a gosto e o azeite e misture bem. Adicione o camarão e misture bem. Passe o camarão em espetos.

3. Grelhe ou grelhe até que os camarões fiquem rosados e cozidos, cerca de 3 minutos de cada lado. Sirva quente com rodelas de limão.

Lagosta "Irmão Diabo"

Aragosta Fra Diavolo

Rende 2 a 4 porções

Embora esta receita tenha muitas das características de um prato clássico de frutos do mar do sul da Itália, incluindo tomate, alho e pimenta, sempre suspeitei que fosse uma invenção ítalo-americana. Meu amigo Arthur Schwartz, apresentador do Food Talk da WOR Radio com Arthur Schwartz, é um especialista em culinária napolitana, bem como na culinária histórica da cidade de Nova York, e concorda comigo. Arthur acredita que provavelmente foi desenvolvido em um restaurante italiano de Nova York há alguns anos e tem se tornado popular desde então. O nome refere-se ao molho de tomate picante com que a lagosta é cozida. Sirva com espaguete ou torradas com alho.

2 lagostas vivas, com cerca de 11/4 libras cada

1/3 xícara de azeite

2 dentes de alho grandes, levemente esmagados

Uma pitada de pimenta vermelha esmagada

1 xícara de vinho branco seco

1 lata (28 onças) de tomate pelado, escorrido e picado

6 folhas frescas de manjericão, cortadas em pedaços pequenos

Sal

1. Coloque uma das lagostas sobre uma tábua com a cavidade voltada para cima. Não retire as faixas que mantêm as garras fechadas. Proteja a mão com uma toalha grossa ou porta-panelas e segure a lagosta acima do rabo. Mergulhe a ponta de uma faca pesada de chef no corpo, onde a cauda se junta ao peito. Corte completamente, separando a cauda do resto do corpo. Use uma tesoura para aves para remover a casca fina que cobre a carne da cauda. Retire e remova a veia escura da cauda, mas deixe o tomalley verde e o coral vermelho, se houver. Repita com a segunda lagosta. Corte a cauda transversalmente em 3 ou 4 pedaços. Reserve as peças da cauda. Corte os corpos e as garras da lagosta nas juntas em pedaços de 2,5 a 5 centímetros. Bata nas garras com o lado cego da faca para quebrá-las.

2. Em uma panela grande e pesada, aqueça o óleo em fogo médio. Adicione todos os pedaços de lagosta, exceto as

caudas, e cozinhe, mexendo sempre, por 10 minutos. Espalhe o alho e a pimenta em volta dos pedaços. Adicione o vinho e cozinhe por 1 minuto.

3.Adicione o tomate, o manjericão e o sal. Leve para ferver. Cozinhe, mexendo ocasionalmente, até os tomates engrossarem, cerca de 25 minutos. Adicione as caudas de lagosta e cozinhe por mais 5 a 10 minutos ou até que a carne da cauda fique firme e opaca. Sirva imediatamente.

Lagosta Recheada Assada

Amollicato de Aragoste

Rende 4 porções

Na Itália e em toda a Europa, a variedade típica de lagosta é a lagosta espinhosa ou rochosa, que não possui as grandes garras carnudas das lagostas norte-americanas. No entanto, têm um sabor muito bom e muitas vezes são vendidos aqui como caudas de lagosta congeladas. Se não quiser lidar com lagostas vivas, pode fazer esta receita com caudas congeladas, reduzindo um pouco a quantidade de pão ralado e cozinhando-as sem descongelar, apenas até ficarem opacas no centro. Esta receita é típica da Sardenha, embora seja consumida em todo o sul da Itália.

4 lagostas vivas (cerca de 1 1/4 libras cada)

1 xícara de pão ralado simples e seco

2 colheres de sopa de salsa fresca picada

1 dente de alho picado

Sal e pimenta preta moída na hora

Azeite de oliva

1 limão cortado em rodelas

1. Coloque uma das lagostas sobre uma tábua com a cavidade voltada para cima. Não retire as faixas que mantêm as garras fechadas. Proteja a mão com uma toalha grossa ou porta-panelas e segure a lagosta acima do rabo. Mergulhe a ponta de uma faca pesada de chef no corpo, onde a cauda se junta ao peito. Corte completamente, separando a cauda do resto do corpo. Use uma tesoura para aves para remover a fina camada branca que cobre a parte inferior da cauda e expor a carne. Retire e remova a veia escura da cauda, mas deixe o tomalley verde e o coral vermelho, se houver.

2. Coloque uma gradinha no centro do forno. Pré-aqueça o forno a 450°F. Unte com óleo 1 ou 2 assadeiras grandes. Coloque as lagostas voltadas para cima nas assadeiras.

3. Em uma tigela média, misture a farinha de rosca, a salsa, o alho, o sal e a pimenta a gosto. Adicione 3 colheres de sopa de óleo ou o suficiente para umedecer as migalhas. Espalhe a mistura sobre as lagostas na frigideira. Regue com um pouco mais de azeite.

4. Asse as lagostas por 12 a 15 minutos ou até que a carne da cauda fique opaca quando cortada na parte mais grossa e firme quando pressionada.

5. Sirva imediatamente com as rodelas de limão.

Vieiras com Alho e Salsa

Capesante Aglio e Olio

Rende 4 porções

Vieiras doces e frescas cozinham rapidamente, perfeitas para uma refeição durante a semana. Esta receita vem de Grado, na costa do Adriático. Eu gosto de usar vieiras grandes, mas você pode substituí-las por vieiras menores.

1/4 xícara de azeite

2 dentes de alho picados finamente

2 colheres de sopa de salsa fresca picada

1 quilo de vieiras grandes, enxaguadas e secas

Sal e pimenta preta moída na hora

1 limão cortado em rodelas

1. Despeje o óleo em uma frigideira grande. Adicione o alho, a salsa e a pimenta e cozinhe em fogo médio até dourar levemente, cerca de 2 minutos.

2. Adicione as vieiras e tempere com sal e pimenta a gosto. Cozinhe, mexendo, até que as vieiras fiquem opacas no centro, cerca de 3 minutos. Sirva quente com rodelas de limão.

Vieiras e camarões grelhados

Frutos do Mare alla Griglia

Rende 4 porções

Um simples molho de limão enfeita camarões grelhados e vieiras. Podem ser substituídos por pedaços de peixe de carne firme, como salmão ou peixe-espada.

3/4 libra de vieiras grandes, enxaguadas e secas

3/4 libra de camarão grande, descascado e limpo

folhas de louro frescas ou secas

1 cebola roxa média, cortada em pedaços de 2,5 cm

1/4 xícara de azeite

2 colheres de sopa de suco de limão fresco

1 colher de sopa de salsa fresca picada

1/2 colher de chá de orégano seco, esfarelado

Sal e pimenta preta moída na hora

1. Coloque uma churrasqueira ou grelha a cerca de 12 centímetros da fonte de calor. Pré-aqueça a grelha ou grelha.

2. Passe as vieiras e os camarões alternadamente com as folhas de louro e os pedaços de cebola em 8 espetos de madeira ou metal.

3. Em uma tigela pequena, misture o azeite, o suco de limão, a salsa, o orégano, o sal e a pimenta a gosto. Transfira cerca de dois terços da mistura do molho para um recipiente separado. Reserva. Pincele os frutos do mar com o terço restante do molho.

4. Grelhe ou grelhe até que os camarões fiquem rosados e as vieiras levemente douradas de um lado, cerca de 3 a 4 minutos. Vire os espetos e cozinhe até que os camarões fiquem rosados e as vieiras levemente douradas do outro lado, cerca de 3 a 4 minutos a mais. A carne de camarão e vieira ficará opaca no centro. Transfira para um prato e regue com o molho restante.

Amêijoas e mexilhões Posillipo

Vongole e Cozze em Molho Piccante

Rende 4 porções

Posillipo *é o nome de um ponto de terra na Baía de Nápoles. Também evoca este prato de amêijoas e mexilhões frescos com molho de tomate picante nas mentes de muitos ítalo-americanos. Provavelmente batizada por um nostálgico dono de restaurante dos Estados Unidos, a receita parece ter saído de moda, embora seja tão boa que merece uma volta.*

Sirva em tigelas fundas sobre fatias de pão torrado ou freselle, biscoitos duros de pimenta preta disponíveis nos mercados italianos.

3 dúzias de amêijoas pequenas de casca dura

2 libras de mexilhões

1/3 xícara de azeite

1 colher de sopa de alho picado

Uma pitada de pimenta vermelha esmagada

½ xícara de vinho branco seco

1 lata (28 onças) de tomate pelado, escorrido e picado

1 colher de chá de orégano seco, esfarelado

Sal e pimenta preta moída na hora

¼ xícara de salsinha fresca picada

Fatias de pão italiano, torradas ou freselle

1. Mergulhe as amêijoas e os mexilhões e amêijoas em água fria durante 30 minutos. Esfregue as amêijoas em água fria corrente com uma escova dura. Corte ou remova as barbas dos mexilhões. Descarte quaisquer amêijoas ou mexilhões que tenham casca quebrada ou que se recusem a selar quando tocados.

2. Despeje o óleo em uma panela grande e pesada. Adicione o alho e a pimenta. Cozinhe em fogo médio até que o alho esteja levemente dourado, cerca de 2 minutos. Adicione o vinho e cozinhe mais 1 minuto. Adicione os tomates. orégano e sal e pimenta a gosto. Leve para ferver e cozinhe por 15 minutos.

3. Adicione as amêijoas e os mexilhões à panela e tampe bem. Cozinhe até as cascas abrirem, cerca de 5 minutos.

4. Coloque fatias de pão italiano no fundo de 4 tigelas de massa. Espalhe sobre as amêijoas e os mexilhões. Polvilhe com salsa picada e sirva imediatamente.

www.ingramcontent.com/pod-product-compliance
Lightning Source LLC
Chambersburg PA
CBHW071336110526
44591CB00010B/1171